HISTOIRE

CHRONOLOGIQUE

DES

VOYAGES

VERS LE POLE ARCTIQUE.

DE L'IMPRIMERIE DE J. SMITH.

HISTOIRE
CHRONOLOGIQUE
DES
VOYAGES
VERS LE POLE ARCTIQUE,

ENTREPRIS POUR DÉCOUVRIR UN PASSAGE ENTRE L'OCÉAN ATLANTIQUE ET LE GRAND-OCÉAN, DEPUIS LES PREMIÈRES NAVIGATIONS DES SCANDINAVES JUSQU'A L'EXPÉDITION FAITE, EN 1818, SOUS LES ORDRES DES CAPITAINES ROSS ET BUCHAN.

PAR JOHN BARROW,

MEMBRE DE LA SOCIÉTÉ ROYALE DE LONDRES.

TRADUIT DE L'ANGLAIS PAR LE TRADUCTEUR DES VOYAGES DE MAXWELL EN CHINE, etc.

TOME II.

PARIS,
LIBRAIRIE DE GIDE FILS,
RUE SAINT-MARC-FEYDEAU, n.° 16.

1819.

HISTOIRE CHRONOLOGIQUE
DES
VOYAGES AU NORD.

SUITE DE LA IIIme PARTIE.

CHAPITRE XI.

JEAN MUNK. 1619.

Départ d'Elseneur. — Munk bouleverse toute la géographie de la baie d'Hudson. — Des maladies attaquent l'équipage. — La famine s'y joint. — Mortalité. — Munk survit avec deux autres seulement. — Ils ramènent en Danemarck le plus petit de leurs bâtimens.

Les découvertes d'Hudson et de Baffin tirèrent les Danois de leur assoupissement; et, en appelant de nouveau leur attention vers leurs colonies du Groënland, perdues depuis tant de siècles, firent peut-être aussi luire à leurs yeux l'espoir de trouver dans cette direction le passage si long-temps cherché vers les Indes. En conséquence, Christian IV fit équiper, en 1619, deux vaisseaux pour un voyage de découvertes, et en donna le commandement à un marin expérimenté nommé Jean Munk. Il paraît que l'équipage était en grande partie composé de matelots anglais qui avaient sans doute déjà fait ce voyage, soit dans une expédition de découvertes, soit pour la pêche des baleines.

Munk quitta Elseneur le 18 mai; le 20 juin, il doubla le cap Farewell, et s'efforça de remonter le détroit de Davis, dans l'intention, à ce qu'il paraît, de suivre la même route que Baffin et Bylot; mais ses bâtimens étaient si fréquemment arrêtés par la glace, qu'il revint le long de la côte occidentale du détroit jusqu'à son extrémité méridionale. Il traversa le détroit d'Hudson, dont il trouva à propos de changer le nom en celui de détroit de Christian (*fretum Christiani*);

la partie septentrionale de ce qu'on appelle la baie d'Hudson, reçut le nom de *Mare Christianeum;* et Munk, ou l'éditeur de son voyage, a joint à la relation de son voyage une carte dans laquelle toute la géographie de la mer d'Hudson et de ses îles est bouleversée. Il vit la côte de l'Amérique par 63° 20′; la grande quantité de glaces qu'il y rencontra le força, le 7 septembre, de chercher un abri dans une ouverture entre les terres; il l'appela le *Havre d'hiver de Munk,* et donna au pays environnant le nom de *Nouveau-Danemarck.* Ce havre doit être celui qu'on a nommé depuis *Chesterfield.*

L'année étant très-avancée, et Munk ne voyant pas d'apparence de pouvoir traverser la mer et le détroit d'Hudson, prit d'abord la précaution de construire des cabanes pour son équipage, et reconnut ensuite les terres voisines, qui heureusement lui fournirent une grande quantité de gibier, tel qu'ours blancs, renards noirs, lièvres, perdrix et autres oiseaux. Le 27 nov., il vit dans le ciel trois soleils distincts, et deux autres également distincts le 24 janvier 1620. Le 18 décembre, il y avait eu une éclipse de lune, et, la nuit, cet astre fut environné d'un cercle transparent et traversé par une croix qui le divisait en quartiers. Ce phénomène fut regardé comme le présage des malheurs qui accablèrent bientôt l'équipage.

L'hiver avait commencé avec une telle rigueur que le vin, l'eau-de-vie et la bière étaient entièrement gelés, et que les tonneaux crevaient par l'excès du froid. Le scorbut commença à se manifester à bord des deux bâtimens, dont l'un avait quarante-huit hommes d'équipage, et l'autre seize (1). Le printemps n'apporta aucun changement au sort de ces malheureux. Leur pain et leurs provisions étaient épuisées, et aucun d'eux n'avait assez de force pour prendre les canards, les oies et les perdrix qui venaient

(1) Un manuscrit danois dit que la maladie fut principalement occasionnée par l'usage immodéré des liqueurs spiritueuses, dont on sait que les effets sont surtout funestes dans les climats froids.

autour d'eux en troupes innombrables. Ils furent réduits à l'état le plus déplorable et le plus désespéré; enfin, la mortalité devint presque générale.

Vers la fin du mois de mai 1620, ceux qui avaient survécu eurent le désespoir d'apprendre qu'il ne leur restait plus aucune espèce de provisions, et la famine joignit alors ses ravages à ceux de la maladie. Les forces leur manquaient absolument pour poursuivre les animaux qui les entouraient. Munk lui-même, réduit à la dernière extrémité, resta seul dans une petite cabane, livré à un si profond désespoir, qu'il n'attendait plus que la mort. A la fin, cependant, pressé par la faim, il eut le courage de se traîner hors de sa cabane pour voir ce qu'étaient devenus ses malheureux compagnons; il n'en trouva que deux ayant encore un souffle de vie; tous les autres avaient péri. Ces trois hommes s'exhortèrent l'un l'autre à faire une dernière tentative pour se procurer quelque nourriture. Ils arrachèrent avec leurs ongles la neige endurcie sur la terre, et trouvèrent des racines qu'ils dévorèrent avidement. Ils devinrent graduellement en état de prendre des oiseaux, et des poissons à mesure que la glace se détachait du rivage. Ils pensèrent alors à retourner chez eux ; et, à cet effet, ils équipèrent le petit navire avec les agrès du grand, repassèrent le détroit d'Hudson, et, après une traversée difficile, dans laquelle le bâtiment fut presque abandonné à lui-même, ils arrivèrent dans un port de Norvège le 25 septembre.

Ils furent reçus en Danemarck comme des hommes sortis du tombeau ; et le récit de leurs aventures et de leurs souffrances intéressa vivement en leur faveur. Tel paraît avoir été en effet l'intérêt excité par ces nouvelles découvertes que Munk, malgré ses souffrances, proposa de faire une nouvelle tentative pour découvrir un passage au nord-ouest. Une souscription fut ouverte pour en défrayer les dépenses, et tout fut préparé pour son départ. Quand il prit congé de la cour, la conversation tourna sur l'issue déplorable de sa première entreprise ; et le roi, en lui recommandant d'être plus prudent que dans son premier voyage, sembla attribuer à quelque faute de sa part la mort des malheureux dont il avait été si près de partager le sort. Ce reproche fit une vive impression sur Munk, qui répondit d'une manière moins respectueuse que celle à laquelle l'oreille royale était accoutumée; alors le roi, oubliant sa dignité pour n'écouter que sa fureur, le frappa de sa canne. Rien ne pouvait effacer un pareil outrage, et le malheureux navigateur mourut, dit-on, de désespoir quelques jours après.

Il y a une espèce de teinte romanesque jetée sur une grande partie de la relation du voyage de Munk; les souffrances incroyables de l'équipage; la conservation miraculeuse de trois personnes qui échappent des portes de la mort en mangeant des herbes et des racines; la manière dont ils se procurent des provisions suffisantes pour entreprendre un voyage si long, et dont ils parviennent à ramener l'un des vaisseaux en Danemarck; toutes ces circonstances ne sont pas physiquement impossibles, quoiqu'elles ne soient pas très-probables; enfin, ce qui concerne la conduite du roi, est vraisemblablement une de ces histoires qui, sur une simple assertion, sont répétées de bouche en bouche et d'écrits en écrits, sans avoir aucun fondement réel de vérité. Forster assure, mais sans citer son autorité, que le même Munk fut, après son retour, employé par le roi en 1624, 1625 et 1626, dans la mer du nord et sur l'Elbe, et qu'il mourut le 3 juin 1628, dans le cours d'une expédition navale.

CHAPITRE XII.

LUC FOX, 1631.

Départ de Fox.—Ile Welcome.—Sépulture des naturels.—Retour en Angleterre.

Le dernier voyage dans lequel Baffin et Bylot, en 1616, s'étaient avancés au nord sans obstacles, devait naturellement ranimer les espérances, et faire penser qu'on allait réussir à trouver le passage tant de fois tenté; il semble, au contraire, qu'il découragea même ceux qui paraissaient auparavant le plus intimement convaincus de son existence. A l'exception d'une seule tentative faite sous la direction d'un nommé Hawkridge, qui avait navigué avec Button, le projet paraît avoir été entièrement abandonné. On sait à peine par quel ordre, sur quel bâtiment, et même en quelle année le capitaine Hawkridge entreprit ce voyage. D'après le fragment imparfait qu'en donne Fox (1), et qu'il se procura, dit-il, en manuscrit, il est du moins évident qu'il n'a rien ajouté aux découvertes déjà faites dans le nord-ouest.

Si l'on tenta un nouvel essai pour découvrir un passage nord-ouest, nous en sommes assurément redevables au capitaine Luc Fox qui, comme il nous le dit lui-même, n'avait pas cessé de solliciter l'envoi d'une nouvelle expédition dans les mers arctiques, depuis l'année 1606, où il eût voulu accompagner Knight en qualité de maître d'équipage. A force de zèle et de persévérance, il parvint à décider Henri Briggs et sir John Brooke à présenter une pétition à Charles I.er, pour demander à ce monarque de leur prêter un de ses vaisseaux, et de leur accorder sa protection pour entreprendre ce voyage. Le roi approuva le projet, et accorda gracieusement l'une et l'autre demande. Fox dit qu'on lui permit de choisir lui-même un bâtiment, et qu'il prit une pinasse de quatre-vingts tonneaux, qu'il nom-

(1) *Nord-ouest*, p. 166.

ma le *Charles*. Elle avait vingt hommes d'équipages et deux mousses, fut approvisionnée pour dix-huit mois, et bien équipée. Sir Thomas Roe et sir John Wolstenholme furent chargés de surveiller l'armement ; le maître et les administrateurs de l'établissement de la Trinité reçurent l'ordre de prêter leur assistance.

La relation du voyage est écrite par Fox lui-même, qui prend avec emphase le nom de *Fox du Nord-ouest*. Il était du comté d'York ; c'était un homme fin et de beaucoup de talent, mais d'une vanité démesurée. La tournure de son journal est si bizarre, et le jargon en est si obscur et si comique, que dans beaucoup d'endroits il est presque inintelligible. « Ami lecteur, dit-il en commençant, n'attendez pas de moi des phrases pompeuses et des termes éloquens, car ce n'est pas de la plume d'un homme né sous le climat glacial du nord-ouest, où les savans ne sont pas des plantes indigènes, que peut découler le doux miel de la rhétorique, etc. »

Fox quitta l'Angleterre, charmé de lui-même et de l'équipement de son vaisseau. « J'avais des provisions, dit-il, pour dix-huit mois. Le boulanger, le brasseur, le boucher et autres, étaient-ils passés maîtres dans leur art ou profession? Je n'en sais rien; mais, ce dont je suis certain, c'est que j'avais d'excellent bœuf bien gras, de la bière forte, du bon pain de froment, de la bonne morue sèche d'Islande, du beurre et du fromage de la première qualité, du vin d'Espagne délicieux, de l'eau-de-vie parfaite, des pois, du blé, de l'avoine, de l'huile, des épices, du sucre, des fruits et du riz; sans parler de différentes drogues, telles que des sirops, des juleps, des conserves, des antidotes, des baumes, des gommes, des onguens, des emplâtres, des huiles, des potions, des pilules purgatives, etc. » Et, en prenant congé de la cour: « Je reçus, dit-il, du roi une carte de toutes les découvertes faites par mes prédécesseurs, les instructions de sa majesté, ainsi qu'une lettre pour l'empereur du Japon. »

Les négocians de Bristol, déterminés à ne pas le céder à ceux de Londres, équipèrent, la même année, et pour le même objet, un vaisseau appelé la *Marie*, dont le commandement fut confié au capitaine Thomas James.

Fox quitta Deptford le 5 mai, doubla le cap Farewell le 13 juin au milieu d'épais brouillards; le temps s'étant éclairci, il aperçut un banc de gros poissons de l'espèce de la baleine, qui suivaient leur chef. Le 20, il découvrit la terre au nord de la baie de Lumley, dont le nom lui rappelle le souvenir du lord Lumley. Fox paraît se plaire beaucoup dans ces souvenirs, à propos desquels il rapporte des anecdotes, et il s'en trouve presque à chaque page de son journal.

Le 20, il arrive à la hauteur du cap Chidley, et se hâte de traverser le détroit d'Hudson. Vers l'extrémité occidentale du détroit, il fut souvent tourmenté par la glace; il remarqua qu'il y en avait de deux espèces; la première, qu'il appelle *glace montagneuse*, flottait par grandes masses quelquefois plus grosses qu'une grande église; et l'autre, qu'il nomme *glace hachée*, flottait par morceaux qui avaient depuis un ou deux pieds jusqu'à deux acres de longueur, et un ou deux pieds de hauteur au-dessus de la surface de l'eau. L'une des montagnes de glace, plus grandes que les autres, avait sur son sommet un rocher pesant au moins cent quintaux avec plusieurs autres pierres plus petites.

Le 10 juillet, il n'était encore qu'à la hauteur de l'île de Salisbury, où il remarqua que la boussole avait perdu sa vertu sensitive, ce qu'il attribue à l'âpreté de l'air qui s'insinue entre l'aiguille et son point attractif, ou bien peut-être y a-t-il quelques montagnes de l'un ou de l'autre côté, dont le fer peut arrêter l'agilité des aiguilles qui se dirigent vers leurs points respectifs ; mais c'est une discussion qu'il abandonne à la philosophie.

Le 20 juillet, près de *Carey's Swan's-Nest*, la chaleur fut aussi grande qu'elle l'est jamais en Angleterre ; et, à minuit, il y avait dans l'air beaucoup de *petits-danseurs* (c'est ainsi qu'il appelle l'aurore boréale). En suivant la côte orientale de l'Amérique, il trouva une île dans laquelle il y avait plusieurs sépultures des naturels; il la nomma *Sir Thomas Rowe's Welcome* (la bienvenue de sir Thomas Rowe); il donna à une autre île le nom de *Brooke Cobham*, et à un petit groupe celui de *Briggs his mathematickes* (les mathématiques de Briggs). Dans les tombeaux de l'île *Welcome*, il vit beaucoup de corps enveloppés dans des peaux d'orignals, et placés sous des pierres, la tête tournée vers l'ouest; le plus grand de ces corps n'avait pas plus de quatre pieds de longueur; ils étaient entourés de planches de neuf à dix pieds de long et de quatre pouces d'épaisseur; on en remplit la chaloupe pour les brûler à bord du vaisseau. Auprès des corps étaient déposés des arcs, des flèches, des dards, des lances, et d'autres armes en bois. Un grand nombre de dards avaient des pointes de fer, mais il y en avait un avec une pointe de cuivre; d'où Fox conclut que des chrétiens étaient sans doute venus dans cette île avant lui.

Le 9 août, Fox entra dans le port Nelson, il y trouva une croix qui avait été érigée par Button, et sur laquelle on lisait encore son nom. De la rivière de Nelson, Fox se dirigea au sud-ouest; et, le 29 août, il rencontra le capitaine James. Il alla à bord de son bâtiment, où il fut fêté et bien accueilli; mais il ne s'en montre pas reconnaissant, car voici comme il s'exprime sur le compte du capitaine James : « Le capitaine parlait assez bien sur l'art de la navigation, les observations, les calculs, etc., et il me fit voir plusieurs instrumens; je vis qu'il était versé dans les mathématiques : mais, lorsque je découvris qu'il n'était pas homme de mer, je blâmai beaucoup ceux qui lui avaient conseillé de prendre un pareil bâtiment pour un voyage d'une si grande importance, lorsqu'il aurait peut-être deux hivers à passer à bord avant d'être de retour en Angleterre. Notre conversation eût été peu intéressante, si nous ne nous fussions entretenus des fautes de nos prédécesseurs. »

Après avoir côtoyé pendant très-long-temps le fond de la baie d'Hudson, mais inutilement, Fox se dirigea de nouveau vers le nord, le 4 septembre, nommant le dernier cap qu'il doubla, *Wolstenholme's Ultimum Vale;* « car je crois fermement, dit-il, que sir John Wolstenholme ne dépensera pas davantage d'argent pour faire reconnaître cette baie. » Le 8, il était près de la terre sur laquelle est Carey's Swan's-Nest. Plus loin, au nord, il donne à un cap, sous le 64° 46′ de latitude, le nom de *promontoire du roi Charles*, et à un autre, huit lieues plus au nord, celui de *cap Marie*. Il appelle trois îles situées au nord-ouest du promontoire, *les îles de la Trinité;* un promontoire situé à quelques minutes du cercle polaire, *Lord Weston's Portland;* un autre, *cap Dorchester*, et la terre qui était au-delà, *Fox His Farthest* (le *nec-plus-ultrà de Fox*).

Le 25 septembre, Fox songe qu'il n'a fait qu'un pauvre voyage, et que le mieux qu'il lui reste à faire est de retourner en Angleterre. Il quitta donc le détroit d'Hudson, et arriva aux Dunes le 31 octobre, n'ayant perdu personne de son équipage.

Fox se plaint de n'avoir reçu aucune récompense. Dans le fait, le résultat du voyage ne répondit pas à l'espoir de ceux qui l'avaient fait entreprendre. Cependant il soutient avec force qu'il existe très-probablement un passage nord-ouest, et qu'on le trouvera dans le *Welcom de sir Thomas Roe* (1), où il remarqua que la marée venait du nord, et s'élevait plus haut que dans aucune autre partie de la baie d'Hudson; il vit aussi un grand nombre de baleines vers cet endroit, ce qu'il regarde comme une preuve de sa proximité avec la grande mer. Il est assez surprenant que Fox, qui avait évidemment beaucoup de sagacité, n'ait pas persisté, dès qu'il arriva sur la côte de l'Amérique, à remonter le courant au nord

(1) Le nom de *Welcome* fut d'abord donné par Fox à une île; mais depuis il a été appliqué indistinctement à la côte nord-est de l'Amérique et au détroit situé entre cette côte et l'île Southampton, mais plus généralement au détroit.

d'où il avait remarqué qu'il arrivait, au lieu de le suivre au midi. Lorsqu'il arriva pour la seconde fois dans le Welcome, la saison était trop avancée pour qu'il pût continuer à faire route au nord.

CHAPITRE XIII.

THOMAS JAMES. 1631.

Arrivée dans l'île de la Résolution. — Ignorance du capitaine et de son équipage. — Leur embarras au milieu des glaces. — Maux qu'ils éprouvent. — Expériences sur la fonte des glaces.

Le capitaine James reçut de Charles Ier les mêmes avantages que Fox. Il partit de Bristol sur la *Marie*, bâtiment de soixante-dix tonneaux, le 3 mai 1631; doubla le cap Farewell le 9 juin, et, le 17, vit l'île de la *Résolution*. Les glaces avaient souvent retardé sa marche; l'air était continuellement couvert de brouillards épais; la mer paraissait noirâtre; le froid était si perçant, qu'il affectait la boussole, et retardait le mouvement de l'aiguille magnétique. En traversant le détroit d'Hudson, le vaisseau fut presque toujours assiégé par les glaces, quelquefois entraîné de côté et d'autre; enfin, livré à la merci de la marée et des courans. Pour ajouter au péril d'une pareille situation, les voiles étaient complétement gelées, et de gros glaçons pendaient aux cordages.

Si Fox était vain des connaissances qu'il avait acquises en étudiant les voyages de ses prédécesseurs, James paraît l'avoir été encore plus de son ignorance entière sur tout ce qu'on avait fait avant lui. Non seulement il n'avait jamais lu les relations des voyageurs qui l'avaient précédé; mais il nous apprend lui-même qu'il refusa absolument de prendre à bord aucun marin qui eût déjà été employé ou dans un voyage de découvertes dans le nord, ou à la pêche de la baleine. La conséquence fut que, lorsque le bâtiment se trouva entouré de glaces, personne ne savait comment le gouverner; et non seulement l'équipage entier fut livré aux plus vives alarmes, mais le manque total d'expérience manqua d'avoir des suites fatales pour le bâtiment et ceux qui le montaient ; car, en s'efforçant d'éviter la glace, le navire se trouva arrêté sur une pointe de rocher, et la marée, en se retirant, le laissa suspendu par le milieu, et penché au point qu'il était impossible de rester à bord sans s'exposer au danger d'être submergé. Après avoir fait, mais inutilement, tous les efforts possibles pour le relever, l'équipage descendit sur la glace, et tomba à genoux pour implorer la miséricorde divine.

La marée, en montant, remit le navire à flot. Cependant les glaçons continuaient à s'accumuler de tous côtés à un tel point que, du haut du mât, il était impossible de voir sur la mer l'espace d'un acre qui ne fût couvert de glaces ; mais le vent, en changeant, les dispersa. Après beaucoup de dangers et de fatigues, le navire arriva à l'île de Salisbury le 5 juillet ; et, le 15, toujours entouré de glace, tandis que l'équipage s'attendait à chaque instant à le voir se briser en pièces, il passa entre les îles de Digges et de Nottingham.

On s'avança lentement vers le sud-ouest

de la baie d'Hudson. Par suite de l'ignorance de James et de son équipage, le navire était presque continuellement bloqué par les glaces, et ne pouvait avancer, quoiqu'il déployât toutes les voiles. Il n'était pas étonnant que l'équipage commençât à murmurer et à croire que probablement il passerait l'hiver au milieu de plaines de glaces et de neige, surtout lorsque, le 1.er août, on vit que l'on n'avait pas beaucoup avancé vers l'ouest. Le 29, on rencontra le navire de Fox. Bientôt apres, un ouragan terrible, accompagné de neige et de grêle, mit James dans le plus grand péril. Les vagues venaient se briser sur le vaisseau avec une telle violence, que ni le capitaine ni ses compagnons n'avaient jamais vu la mer dans une telle fureur. Le navire faisait eau de toutes parts.

Le 12 septembre, James eut encore le malheur d'échouer le navire au milieu de roches sur la côte de l'Amérique, vers 52° 30′ de latitude. Persuadé que, pour cette fois, c'en était fait du malheureux navire, il ordonna de jeter dans la chaloupe quelques outils de charpentier, un baril de pain, un baril de poudre, quelques fusils, des mèches, des hameçons, etc., et envoya ces objets à terre; il sortit cependant, par un nouveau miracle, de cette position désespérée, et le vaisseau se trouva moins endommagé qu'il ne le craignait. A la fin, après avoir essuyé tous les dangers possibles, James arriva, le 2 octobre, à la hauteur d'une île qu'il appela l'île du comte *de Danby*, qui est connue aujourd'hui sous le nom d'île *Charton*. Elle est située vers 52° de latitude.

Au bout de quelques jours employés à examiner l'île et à déterminer ce qu'il y avait à faire, les malades désirèrent aller à terre ; l'on construisit pour eux une cabane qu'on couvrit avec la grande voile. Quelques orignals semblèrent d'abord être les seules ressources que l'île offrait; mais, à l'approche de l'hiver, beaucoup de renards noirs parurent tout-à-coup. Le sous-canonnier, occupé à les poursuivre, traversait un étang gelé ; la glace s'entr'ouvrit sous ses pieds, il tomba dans l'eau ; et, la barrière épaisse formée par les glaçons se refermant sur lui, ses compagnons ne le revirent plus.

Avant la fin de novembre, tout était couvert de neige, et le bâtiment semblait être une masse de glace. Le 22, le canonnier mourut; il avait eu la jambe coupée ; et, quoiqu'on entretînt constamment un grand feu dans sa chambre, l'appareil gelait sur sa blessure, et sa bouteille d'eau-de-vie sous sa tête. Le danger continuel, auquel les glaces flottantes et les tempêtes réitérées exposaient le navire, détermina les Anglais à le quitter et à transporter à terre toutes les provisions, ce qu'ils exécutèrent le 26 novembre. Leurs nez, leurs joues et leurs doigts étaient gelés au point d'être blancs comme du papier, et ils avaient sur tout le corps des ampoules aussi grosses que des noix. Un puits, qu'ils avaient creusé, se gela; ils regardaient la neige fondue, comme trop malsaine pour en faire usage. Le froid leur coupait la respiration au point qu'ils avaient de la peine à parler. Toute l'eau-de-vie, l'huile, le vinaigre, enfin tous les liquides étaient devenus durs comme du bois; on les coupait avec une hache. La cabane était entièrement gelée dans l'intérieur ; et, à trois pieds du feu, il gelait à pierre fendre. Tout cela arriva avant le milieu de décembre, et sous une latitude qui est à peu près celle de Londres.

En janvier, James détermina celle de sa tente à 51° 52′; il attribua la grande différence, entre cette observation et une autre qu'il avait faite précédemment, aux effets de la réfraction ; il allègue pour preuve que le disque du soleil, lorsqu'il était près de l'horizon, paraissait être deux fois aussi long que large; et que, par plusieurs observations, il s'assura que, par suite de la réfraction de l'atmosphère, le soleil se levait vingt minutes avant le temps vrai, et se couchait vingt minutes après. Pendant deux nuits, en particulier, il distingua deux tiers plus d'étoiles au firmament qu'il n'en avait vu jusqu'alors.

Dans le mois de février, le scorbut commença à se manifester. A mesure que le printemps approchait, le froid augmentait sensiblement; et les matelots éprouvèrent une sensation bien plus insupportable en marchant dans l'eau, au commencement de juin, lorsque la mer était remplie de glace, qu'en décembre, lorsqu'elle s'y entassait. Il paraît que James n'a pas réfléchi que cette sensation était occasionnée non par un plus grand degré de froid absolu, mais parce qu'en juin, la différence entre la température de l'air et celle de l'eau glacée était plus considérable qu'en décembre.

Vers le milieu d'avril, les Anglais commencèrent à écarter la glace qui entourait le vaisseau pour voir s'il pouvait encore leur servir; ils trouvèrent à fond de cale un peu de bière et de vin qui n'avait pas été gelé, et qui fut d'un grand secours pour les malades, dont les souffrances étaient affreuses. La mort du charpentier retarda beaucoup leurs travaux. Enfin, le 1.er juillet, tout fut prêt pour partir; et, le lendemain, le capitaine mit à la voile; mais il alla encore donner contre la glace avec tant de violence, que la proue manqua de se briser en mille pièces, et que tout l'équipage se crut encore une fois en danger de périr.

James, pendant tout son voyage, fut à peine une heure débarrassé de glace, de sorte qu'il employa depuis le 2 juillet jusqu'au 24 août pour parcourir sept degrés et demi de latitude. Ce jour-là, il découvrit l'île de Nottingham, près de laquelle toute la mer était couverte de glace. Le 26, il consulta ses officiers sur la route qu'il devait prendre. Ils lui donnèrent leur opinion par écrit; elle était unanime, tous voulaient retourner sur-le-champ en Angleterre. Il se rendit à leurs désirs; et, le 23 octobre, il mouilla dans la rade de Bristol.

La relation du voyage de James peut être appelée un livre de lamentations et de douleurs; il offre une suite continuelle de périls, d'obstacles et de plaintes, depuis l'instant où il fut arrêté pour la première fois par la glace à la hauteur du cap Farewell, jusqu'à son retour au même point. Les observations qu'il renferme ne sont à présent d'aucune utilité. On dit néanmoins qu'elles ont été d'un grand secours à Boyle pour composer son Traité sur le froid. Le thermomètre n'était pas encore en usage, et l'on ne connaissait aucun instrument pour mesurer le degré de froid absolu; mais les souffrances extraordinaires que le froid fit éprouver à l'équipage durent provenir en grande partie de l'inexpérience du capitaine, ou d'un manque de soin et d'attention; ce qui semblerait le prouver, c'est que les personnes employées par la compagnie de la baie d'Hudson passent les hivers sans accidens le long de la côte près de laquelle l'île Charton est située, et huit à dix degrés plus au nord. James a fait l'observation suivante, sur la lenteur avec laquelle la glace se fond. « En juillet et au commencement d'août, je pris à bord du navire des glaçons que je coupai en morceaux de deux pieds carrés; je les exposai dans la chaloupe au soleil, lorsqu'il dardait ses rayons avec le plus de force; et, malgré le feu continuel que nous faisions à bord, la chaleur de notre haleine, et nos mouvemens, ils ne fondirent qu'au bout de huit à dix jours. C'était notre usage, lorsque nous devions passer deux jours dans quelque endroit, d'amarrer le navire à une montagne de glace, et d'y faire une marque pour voir de combien elle diminueroit ; mais elle restait toujours exactement la même, et ne s'affaissait pas d'une seule ligne pendant cet intervalle. Je pense néanmoins qu'il survient des tempêtes qui la détruisent, ou qu'il y a des années où la chaleur la fond, autrement la baie finirait par être entièrement encombrée ; mais j'avoue que ces secrets de la nature passent ma compréhension (1). »

Quant aux découvertes, James n'a rien ajouté à celles des navigateurs précédens ; cependant il assure hardiment qu'il n'est pas probable qu'il existe un passage nord-ouest. Il eût pu donner tout aussi bien avant son voyage les raisons sur lesquelles il s'appuie, et il se fût par là épargné bien de peines

(1) Collection de voyages par Harris, Vol. II.

et de souffrances. Mais, comme l'observe le docteur Campbel, « toutes les difficultés et tous les obstacles dont parle le capitaine James, et qui, peut-être, ne lui paraissent si formidables que parce qu'il n'a pas su les vaincre, se réduisent à rien, lorsqu'on les considère avec attention, et qu'on les compare avec ce que des voyages plus récens ont fait connaître, et ne doivent pas empêcher de continuer les tentatives du même côté, quand même elles ne réussiraient pas mieux qu'auparavant. »

CHAPITRE XIV.

DANELL. 1652.

Voyage pour découvrir la côte orientale du Groënland.—Découverte de diverses îles. — Les glaces empêchent constamment d'approcher de la terre. — Second voyage.—Même résultat.

En 1652, Frédéric III, roi de Danemarck, donna au capitaine Danell l'ordre d'entreprendre un voyage pour découvrir le Groënland oriental. Danell partit de Copenhague avec deux bâtimens le 8 mai 1652, et alla d'abord au nord de l'Islande. Alors, se dirigeant à l'ouest, il aperçut, le 2 juin, à la distance d'environ trente milles, la côte du Groënland, par 64° 50′ de latitude; mais il ne put en approcher à cause de la glace. Au nord-est, à environ trois milles de distance, il vit deux petites îles qu'il appela

Hvidsolen et *Mastelos Skib*. Le 4 juin, il découvrit de nouveau la terre, qui était très-élevée et couverte de glace. Cette terre était à environ trente-deux milles de distance. Il passa au milieu de quelques petites îles. La glace s'étendait depuis la côte jusqu'à dix-huit à vingt milles au large.

Le 6 juin, il vit, à quazorze milles de distance, cinq petites îles sous les 65° de latitude : elles étaient toutes couvertes de neiges, à l'exception d'une seule, et avaient environ quatre milles de longueur; mais la glace l'empêcha d'y aborder. Ces îles étaient à dix-huit ou vingt milles de la terre; l'eau qui coulait entre elles était d'une couleur brune; mais Danell n'y trouva ni poissons, ni oiseaux, ni phoques. On apercevait du large les montagnes, à la distance de près de soixante milles. Le cap le plus septentrional qu'il vit sous les 65° 30′, reçut le nom de *cap du roi Frédéric*. Il côtoya la terre dans la direction du sud-ouest; mais il ne put nulle part se frayer une route à travers la glace, qui cependant n'était ni assez continue ni assz solide pour le porter lui et ses compagnons lorsqu'ils voulaient y marcher pour gagner la terre.

Le 12, sous les 62° de latitude, ils virent une montagne fendue en deux, à quinze ou seize milles à l'ouest de l'endroit où ils se trouvaient : il y avait plusieurs petites baies le long de la côte, qui semblait le plus beau pays qu'ils eussent jamais vu dans le Groënland; mais la glace les empêcha d'en approcher à moins de vingt milles de distance. Ils doublèrent le cap Farewell, et remontèrent la côte occidentale du Groënland, où ils restèrent jusqu'au 16 juillet. Le 18, ils repassèrent devant le cap Farewell; et, le 22 du même mois, sous les 61° de latitude, ils distinguèrent de nouveau la côte orientale du Groënland à soixante-dix milles au nord-ouest, et, dans deux endroits, ils s'imaginèrent voir des édifices surmontés de tours.

Le 23 juillet, sous les 61° de latitude, ils virent une baie entre deux grandes montagnes; ils y seraient entrés si la nuit ne les en eût empêchés. Pendant plusieurs jours de suite, ils continuèrent à voir la terre, dont ils n'étaient plus séparés que par une distance de quatre à cinq milles ; mais le même obstacle les empêcha d'y aborder. Ils la côtoyèrent jusqu'à 63° 30′ de latitude : ils furent à la fin obligés de renoncer à l'espoir d'en approcher, et retournèrent en Danemarck.

Le capitaine Danell partit de nouveau de Copenhague le 16 avril 1653, s'avança au nord de l'Islande jusqu'à 73° de latitude au-delà de celle de l'île de Jean de Mayen, et suivit alors la direction du sud-ouest et de l'ouest-sud-ouest. Le 13 juin, sous les 64° de latitude, il vit à l'horizon quelque chose de bleu, qu'il présuma être le cap du roi Frédéric. Le 19 juin, il vit Herjolfsnes dans le Groënland, sous les 64° de latitude ; mais la glace s'étendait depuis la côte jusqu'à vingt-quatre et vingt-cinq milles au large. Il côtoya la terre jusqu'au cap Farewell, mais toujours à la distance de quarante-cinq à cinquante milles du rivage, à cause des masses de glace, et il fit voile vers la côte occidentale du Groënland, d'où il retourna en Danemarck.

CHAPITRE XV.

ZACHARIE GILLAM. 1668.

Voyage de Desgroseilliers, Français établi à Québec, dans la baie d'Hudson. — Proposition faite par Desgroseilliers pour un établissement à la baie d'Hudson.—Elle est rejetée par la France et accueillie par l'Angleterre. — Départ du capitaine Gillam avec Desgroseilliers pour la baie d'Hudson. — Premier établissement anglais en ce lieu. —Formation de la compagnie de la baie d'Hudson.—Priviléges qui lui sont accordés.—Prétendu voyage de l'amiral espagnol De Fonte.

Un intervalle de près de quarante années qui s'écoulèrent sans qu'on fît la moindre tentative pour découvrir le passage dans le grand Océan, soit par le nord-ouest, soit par le nord-est, fait assez connaître sous quel point de vue on avait regardé les voyages de Fox et de James. Il est évident qu'on désespérait entièrement du succès. Il paraîtrait cependant qu'un navire partit de la Nouvelle-Angleterre pour la baie d'Hudson, soit pour faire la pêche, soit pour tenter des découvertes. Les Français, maîtres du Canada, allèrent par terre jusqu'aux rives de la baie d'Hudson. Desgroseilliers, l'un d'eux, homme hardi et entreprenant, convaincu des avantages que les établissemens français dans le nord de l'Amérique rètireraient de la possession des ports et des havres de la baie d'Hudson, décida plusieurs de ses compatriotes, demeurans à Québec, à équiper un vaisseau pour examiner les côtes de cette baie, et il fut lui-même de l'expédition.

La saison était avancée lorsqu'il débarqua sur la côte occidentale de la baie, près de la rivière de Nelson. Quelques-uns de ses compagnons, qu'il avait envoyés en avant, revinrent lui dire qu'ils avaient découvert un établissement anglais. Aussitôt il résolut de l'attaquer et de s'en rendre maître, s'il était possible; mais, en approchant de l'endroit désigné, il ne vit qu'une seule cabane, dans laquelle se trouvaient quelques malheureux près de périr de faim et de maladie. Ces infortunés dirent à Desgroseilliers qu'ils faisaient partie de l'équipage d'un navire de Boston; qu'ils avaient été envoyés à terre pour chercher un lieu commode où ils pussent passer l'hiver à l'abri des glaces, et que, pendant qu'ils étaient occupés à cette recherche, le navire avait été entraîné au large, au milieu des glaces, par une tempête, et qu'il n'était jamais revenu.

Cette partie de l'histoire paraît être attestée par le témoignage de Jérémie, gouverneur du port Nelson, après que ce poste fut tombé au pouvoir des Français; mais, vraie ou non, elle paraît avoir donné lieu à l'une de ces fables ingénieuses dont on se servit souvent pour entretenir un esprit de découvertes qui, autrement, se serait probablement éteint. Nous renvoyons cet objet à la fin du chapitre.

Desgroseilliers, après avoir examiné la contrée qui est située près de la rivière de Nelson, partit pour le Canada, laissant son neveu Chouart avec cinq hommes qui y passèrent l'hiver. Quelques différends s'étant élevés entre lui et les personnes qui l'avaient employé, il envoya son beau-frère en France pour soumettre au gouvernement un aperçu des avantages qu'on pourrait retirer d'un établissement sur la côte de la baie d'Hudson. Ce projet fut regardé comme chimérique; mais Desgroseilliers était si fortement convaincu de la grande utilité d'un pareil établissement, qu'il partit lui-même pour Paris, où il ne fut pas plus heureux que son beau-frère. La seule raison alléguée pour motiver cette indifférence du gouvernement français, et sa répugnance à former un établissement sur les côtes de la baie d'Hudson, fut la description affreuse que le capitaine James fait du pays et du climat dans la relation de son voyage.

Montague était alors ministre d'Angleterre en France. Apprenant la proposition faite par Desgroseilliers, et le refus qu'il avait essuyé, il l'envoya chercher et le pria de lui expliquer son projet. Les éclaircissemens qu'il en obtint lui parurent si satisfaisans, qu'il lui donna une lettre pour le prince Rupert. Desgroseilliers se rendit alors en Angleterre; il y éprouva une réception toute différente de celle que ses compatriotes lui avaient faite. On l'engagea sur-le-champ à s'embarquer sur un vaisseau du roi qui fut équipé pour ce voyage, non seulement pour former un établissement, mais aussi pour chercher le passage si souvent tenté vers la Chine par le nord-ouest. Oldembuhg, premier secrétaire de la société royale, s'exprime ainsi dans une lettre au célèbre Boyle : « Je n'ai sûrement pas besoin de vous répéter ce qu'on dit ici avec beaucoup de joie sur la découverte d'un pasage au nord-ouest, faite par deux Anglais et un Français, qui furent présentés dernièrement au roi, à Oxford, et qui, par faveur spéciale, en obtinrent un vaisseau pour aller dans la baie d'Hudson, et de là dans la mer Pacifique. Ces hommes affirment, à ce que j'ai entendu dire, que, sortant sur une chaloupe, d'un lac dans le Canada, ils entrèrent dans une rivière qui se déchargeait au nord-ouest, dans la mer du sud, et qu'après avoir pénétré dans cette mer, ils revinrent par le nord-est dans la baie d'Hudson. »

Le capitaine Zacharie Gillam fut chargé d'accompagner Desgroseilliers à la baie d'Hudson et de faire des découvertes au nord. Il mit à la voile dans l'été de 1668, et l'on dit qu'il remonta le détroit de Davis jusqu'à 75° de latitude; mais rien ne paraît justifier cette assertion. De retour dans la baie d'Hudson, il entra dans la rivière de Rupert, le 29 septembre, et se disposa à y passer l'hiver. La rivière ne fut prise entièrement que le 9 décembre; et, quoique Gillam fût beaucoup au nord de l'île Charthon, où James avait souffert si cruellement pendant l'hiver, il ne se plaint ni de la rigueur ni de la longue durée du froid qui, au contraire, paraît avoir cessé dès le mois d'avril. Le capitaine Gillam jeta dans cet endroit les fondemens du premier établissement anglais, en construisant un petit fort en pierre, qu'il nomma *fort Charles*.

Le prince Rupert ne se contenta pas d'être le simple protecteur du voyage de Gillam. Il obtint du roi Charles une charte, datée de 1669, qui lui fut accordée, ainsi qu'à plusieurs autres personnes, pour avoir, à leurs frais et dépens, entrepris un voyage à la baie d'Hudson, pour la découverte d'un nouveau passage dans la mer du sud, et pour avoir commencé à y établir un commerce de fourrures, de minéraux, etc. Il y était dit qu'ils avaient déjà fait des découvertes qui les encourageaient à persister dans leur dessein; qu'il en pourrait résulter de grands avantages pour le roi et pour ses domaines ; et qu'en conséquence, sa majesté, pour faciliter les efforts qu'ils faisaient pour le bien de son peuple, voulait bien leur accorder exclusivement toutes les terres et domaines de la baie d'Hudson, ainsi que tout le commerce qui s'y faisait ou qui pourrait s'y faire par la suite, et toutes les possessions qu'ils pourraient acquérir, etc. La compagnie de la baie d'Hudson jouit encore aujourd'hui des immenses priviléges accordés par cette charte extraordinaire.

L'association parut oublier entièrement les découvertes qui faisaient partie du projet original, quoique ce fût la principale raison qui eût fait accorder la charte. Toute leur attention se dirigea sur un seul point: l'établissement de forts et de factoreries, et l'extension de son commerce avec les Indiens, dont ils obtenaient les pelleteries les plus précieuses pour des objets de nulle valeur. Dans cet état prospère de leurs affaires, le passage au nord-ouest fut entièrement oublié, non seulement par la compagnie qui avait obtenu sa charte exclusive sous ce prétexte, mais aussi par le reste de la nation. Il paraît du moins que l'on n'entendit plus parler de ce projet pendant plus d'un demi-siècle. Cependant l'attention publique se porta, durant cet intervalle, sur la possibilité de découvrir un passage vers les mers des Indes par le nord-est ; un nouveau voyage fut projeté à cet effet, et il reçut la sanction du monarque qui avait accordé des priviléges si étendus à la compagnie de la baie d'Hudson.

La fable dont il a été question plus haut est la relation d'une expédition espagnole qui, de la mer Pacifique passa dans l'Océan atlantique en traversant l'intérieur de l'Amérique par des lacs et des rivières. Elle parut d'abord dans un journal périodique anglais, intitulé *Monthly Miscellany*, ou *Mémoires pour les curieux*, feuilles d'avril et de mai 1708. Le nom de l'amiral à qui l'on attribue ce voyage est De Fonte ou Fuente, nom cité par Witzen, comme étant célèbre par un voyage à la *Terra del Fuego*, entrepris, en 1640, aux frais du roi d'Espagne.

Cet amiral partit, le 3 avril 1640, du port de Lima avec quatre bâtimens, et fit voile au nord. Après un long trajet sur la côte nord-ouest de l'Amérique, il découvrit un grand archipel qu'il nomma *archipel de Saint-*

Lazare. Ses chaloupes précédaient les vaisseaux à un mille de distance, et sondaient les canots.

Au sortir de cet archipel, arrivé à 53° de latitude nord, il découvrit l'embouchure d'une rivière qu'il nomma *Rio de los Reyes*, et une autre qui fut nommée *Rio de Haro*. Après avoir donné ordre au capitaine Bernardo, commandant un de ses vaisseaux, de reconnaître et de remonter la seconde rivière, il s'engagea, le 22, dans la première, et la remonta : son cours naturel est en général du sud-ouest au nord-est. L'amiral parvint à un beau lac, sur la rive méridionale duquel était une ville indienne. Ayant laissé ses vaisseaux devant cette ville, il fit voile, sans doute avec ses chaloupes, vers une seconde rivière qu'il nomma *Parmentire*. Il franchit huit cataractes, et cette rivière le fit aboutir à un autre grand lac de cent soixante lieues de longueur, dans la direction est-nord-est et ouest-sud-ouest, et de soixante de large sur une profondeur de vingt à trente brasses, et de soixante dans quelques endroits. Il renferme un grand nombre d'îles grandes et petites. De la pointe est-nord-est de ce lac, Fuente alla dans un autre de trente-quatre lieues de longueur et de deux ou trois de largeur, sur vingt, vingt-six et vingt-huit brasses d'eau. Ce lac reçut le nom d'*Estrecho de Ronquillo*, détroit de Ronquillo. Ce détroit fut traversé en dix heures, avec le vent et la marée favorables. A mesure que l'amiral avançait plus vers l'est, il remarqua que le pays devenait sensiblement plus mauvais. Il arriva, le 17 juillet, devant une seconde ville indienne, et il apprit des habitans qu'à peu de distance était mouillé un grand vaisseau, dans un endroit où jamais vaisseau ne s'était montré. Il fit voile vers ce navire, où il ne trouva qu'un vieillard et un jeune homme; mais, le 31 juillet, le propriétaire du vaisseau et tout l'équipage se rendirent à bord: l'amiral sut, par le capitaine Shapeley qui le commandait, que le propriétaire du bâtiment, Seymour Gibbons, était le major-général de la plus grande colonie de la Nouvelle-Angleterre, de Matechusets (sans doute Massachuset), et que le vaisseau avait été expédié d'un port appelé Boston. Quoique les instructions de l'amiral portassent expressément de s'emparer de tout bâtiment qui serait employé à la recherche d'un passage à travers le nord de l'Amérique, comme celui-ci ne parut occupé que de la traite des pelleteries, sans aucune vue de découvertes, il ne jugea pas à propos de s'en saisir, et, au contraire, il combla de présens le propriétaire, le capitaine et tout l'équipage. Le 6 août, l'amiral se mit en route pour faire son retour, et, le 16, se trouva devant la ville indienne près de laquelle il avait laissé ses vaisseaux. Bernardo, de son côté, avait remonté la rivière, traversé des lacs, et était arrivé à 77° de latitude. Les naturels du pays avaient mené un de ses matelots à la tête du détroit de Davis ; il l'avait vu terminé à 80° de latitude par un lac d'eau d'environ trente milles de circuit : vers le nord s'élèvent des montagnes d'une hauteur prodigieuse, et au nord-ouest du lac sont des glaces qui paraissent aussi anciennes que le monde. Le 5 septembre, tous les vaisseaux réunis descendirent la rivière, eurent bientôt gagné la haute mer, et se rendirent au Pérou, ayant trouvé, dit l'amiral, qu'*il n'existe point de communication entre ces deux océans par le passage désigné sous la dénomination de passage du nord-ouest.*

Ce morceau de géographie, que l'on peut regarder comme suspect, suivant l'expression du capitaine Burney (1), trouva de même que le voyage de Maldonado, des défenseurs dans deux membres de l'Académie des Sciences de France, J. N. De l'Isle et Ph. Buache. Le premier non seulement traduisit la relation anglaise, mais il l'accompagna d'une carte, qu'il traça conjointement avec Buache, pour indiquer les routes suivies par De Fonte et par Bernardo. Cependant Dalrymple regarda cette relation comme une fable inventée par un nommé Petiver, l'un des rédacteurs du Monthly Miscellany, ouvrage dans lequel cette relation parut pour la première fois. Quoi qu'il en soit, si elle n'avait pas fait dans le temps quelque bruit

---

(1) Histoire chronologique de voyages et de découvertes faits dans la mer du nord, Vol. III.

dans le monde, elle ne mériterait pas qu'on en parlât un seul instant aujourd'hui.

Malgré les assertions du capitaine Burney et de Dalrymple, auxquelles M. Barrow aurait dû joindre l'autorité de Forster (1); d'autres géographes, et même des navigateurs, ont pensé que le voyage de l'amiral de Fonte pouvait bien n'être pas imaginaire, et se sont abstenus de prononcer sur ce point aussi positivement que M. Barrow.

Fleurieu, après avoir démontré la futilité des objections par lesquelles Forster combat la réalité du voyage de l'amiral espagnol, observe que les lumières fournies sur la côte occidentale de l'Amérique par les navigateurs qui l'ont visitée, de 1786 à 1789, donnent les moyens de démêler, dans la lettre de Fonte, ce qui est la vérité, de ce qui appartient à la fiction; « car, ajoute-t-il, rien n'est plus commun que les fictions dans les anciennes relations des Espagnols. » —

(1) Histoire des découvertes au nord, T. II. p. 309.

Il ne croit pas aux grandes villes habitées, à la rencontre du navire bostonien, ni à la possibilité de terminer, dans l'espace de deux mois, une navigation de six cents lieues pour aller et six cents lieues pour revenir dans un pays inconnu, à travers des lacs, des détroits, des rivières, des cataractes. Il regarde tout cet amas de merveilles et d'absurdités comme une amorce que l'éditeur anglais de la lettre de Fuente a présentée à l'avidité des aventuriers qu'il veut engager à poursuivre la recherche d'un passage au nord-ouest. « Mais, ajoute Fleurieu, d'après les nouvelles découvertes faites à la côte occidentale de l'Amérique, elle ne présente, entre les 47 et 56.èmes, parallèles sur toute sa longueur, qu'une suite d'îles groupées, qui forment entre elles des canaux sans nombre, et l'on en voit plusieurs à la hauteur de 53°, à laquelle Fuente place son archipel de Saint-Lazare, et sa rivière de los Reyes. Or, on peut croire que cet amiral, après avoir traversé l'archipel qui se trouve le long de la côte, apercevant devant lui la grande terre, a dirigé sa route sur elle;

que, parvenu à la côte, il y a découvert, à 53° de latitude, une grande rivière où il a fait entrer ses vaisseaux, et que ses chaloupes, en la remontant, ont pu se porter jusqu'au lac où est située la source de la rivière. On peut croire ensuite que l'amiral ou l'éditeur de sa lettre a pu accompagner ces faits vraisemblables et peut-être vrais de tous les accessoires romanesques, qui ont décidé quelques savans à rejeter cette relation dans la classe des voyages imaginaires; mais il pourra n'en être pas moins vrai que, à 53° de latitude, l'amiral a navigué à travers un archipel; qu'au-delà, il a trouvé une mer libre, une côte habitée, une grande rivière et des lacs; et que, tandis que lui, en sortant de l'archipel, se dirigeait vers l'est, son capitaine, Bernardo, s'est porté dans le nord de ce même bassin, où il a pu trouver quelques rivières, quelque entrée, quelque lac, qui lui auront permis de pousser sa course vers le nord, assez avant dans les terres. Tout ce que, dans ces derniers temps, nous avons retrouvé des anciennes découvertes dont on niait la réalité, parce que, en les niant, on était dispensé de les chercher, nous impose l'obligation d'être très-réservé à prononcer que ce que nous n'avons pas encore retrouvé n'existe pas (1). »

Vancouver aussi, qui, dans le cours de son livre, s'attache souvent à combattre la relation de Fuente, termine cependant par les réflexions suivantes : « Je ne prétends pas, au reste, nier positivement les découvertes de Fuente; il me suffit d'avoir prouvé l'invraisemblance de sa narration. Il faut se souvenir que la reconnaissance de la côte nord-ouest de l'Amérique n'est pas achevée, et qu'il n'est point encore prouvé que les géographes français, qui ont placé l'archipel Saint-Lazare par 63° de latitude nord, sont dans l'erreur. Il est sûr que la prodigieuse barrière de montagnes ne paraît pas former, au nord de l'extrémité inférieure de l'entrée de Cook, une chaîne aussi haute et aussi compacte que dans le sud-est; et il est possible qu'en cette partie elle laisse ouverte,

---

(1) Introduction au voyage de Marchand, pag. 17 à 30.

avec la contrée de l'est, une communication qui semble impraticable plus au sud. Cette conjecture emprunte même quelque probabilité de la ressemblance qu'on remarque entre les habitans des bords de la baie d'Hudson et ceux des parties nord de la côte ouest d'Amérique (1). »

(1) Voyages, traduct. française, T. III, p. 526.

CHAPITRE XVI.

JEAN WOOD et GUILLAUME FLAWES. 1676.

Motifs qui engagent à s'occuper de la recherche d'un passage par le nord-est.— Départ de Wood et de Flawes. — Naufrage de Wood sur les côtes occidentales de la Nouvelle - Zemble. — L'équipage parvient à gagner la terre. — Retour en Angleterre sur le navire de Flawes.

La question d'un passage nord-est vers la Chine était restée assoupie en Angleterre pendant plus d'un siècle, lorsqu'elle fut agitée de nouveau, et attira l'attention générale à l'occasion d'un article qui parut dans les Mémoires de la Société royale de Londres en 1675. Ce volume contenait la relation succincte d'une expédition envoyée par une compagnie de négocians hollandais pour faire des découvertes dans le nord. Le vaisseau choisi pour ce voyage avait navigué pendant plusieurs centaines de lieues au nord-est de la Nouvelle-Zemble, entre les parallèles de 70° et 80°; il avait trouvé la mer parfaitement ouverte. Voyant donc que la navigation était si facile dans cette partie de la mer de Tartarie, et que, par cette route, le passage par le nord-est à la Chine était presque certain, ces négocians avaient sollicité des Etats-Généraux une charte qui leur assurât exclusivement les avantages qui résulteraient de la découverte d'un passage au nord-est conduisant aux mers de l'Inde; charte qui leur fut cependant refusée, par suite des intrigues et des représentations de la compagnie hollandaise des Indes orientales, à laquelle une charte exclusive avait déjà été accordée (1).

Vers ce temps, le bruit courut aussi que plusieurs vaisseaux hollandais avaient fait le tour du Spitzberg, et que partout ils avaient

(1) Mémoires philosophiques de la Société royale de Londres, 1675.

trouvé la mer ouverte. Suivant un autre bruit, non moins accrédité, on avait découvert, d'après les journaux, plusieurs navires danois occupés à la pêche de la baleine, qu'en 1655, un bâtiment s'était avancé jusqu'à un degré du pôle arctique, et trois journaux différens, tenus à bord du même navire, attestaient qu'une observation, faite par le capitaine, le 1.er août 1655, avait déterminé sa latitude à 88° 56'; on assurait encore que tous ces journaux s'accordaient à dire que cette mer, bien loin d'être encombrée de glaces, était profonde, et roulait des vagues comme celle de la baie de Biscaye.

Il parut aussi, vers la même époque, un ouvrage intitulé : *Remarques succinctes par Joseph Moxon, membre de la Société royale.* Cet écrivain ingénieux soutient fortement que très-probablement il existe un passage par le pôle arctique pour aller au Japon, et il ajoute : « Je ne doute pas qu'il ne soit praticable, parce que nous ne connaissons aucune terre à huit degrés autour du pôle, et parce que j'ai des raisons de croire, au contraire, qu'il y a une mer libre et ouverte sous le pôle même. » Pour motiver cette conjecture, il cite la circonstance suivante : « Me trouvant à Amsterdam, il y a vingt-deux ans, j'entrai dans un cabaret, et je m'assis au coin du feu au milieu de plusieurs autres personnes. Il entra dans cet instant un matelot qui, voyant un de ses amis qu'il croyait dans le Groënland, lui témoigna sa surprise, et, calculant qu'il était impossible que la flotte du Groënland fût déjà de retour, lui demanda quel malheur l'avait fait revenir si promptement. Son ami, qui était le timonier d'un navire qui était allé cet été au Groënland, lui dit que leur bâtiment n'avait pas été envoyé pour faire la pêche de la baleine, mais seulement pour prendre à bord la cargaison de toute la flotte, et la rapporter pour qu'elle arrivât plus tôt; mais, dit-il, avant que la flotte eût pris assez de baleines pour compléter notre chargement, nous avançâmes, par ordre de la compagnie du Groënland, jusqu'au pôle arctique, et revînmes ensuite. La relation de ce marin étant toute nouvelle pour moi, j'entrai en conversation avec lui;

et, comme j'avais l'air de douter de la vérité de ce qu'il disait, il m'assura que rien n'était plus vrai, et que le vaisseau était alors à Amsterdam, avec la plupart des matelots qui formaient l'équipage, et qui pouvaient me le confirmer. Il ajouta qu'ils avaient navigué jusqu'à deux degrés au-delà du pôle. Je lui demandai s'il n'avait pas trouvé, vers le pôle, des îles ou un continent ? Il me répondit que la mer y était entièrement libre et ouverte. Je m'informai s'ils n'avaient point trouvé de glaces. Il répliqua qu'ils n'en avaient point vu. Je lui demandai quel temps ils y avaient eu ? Un temps superbe, aussi beau qu'en plein été à Amsterdam, et tout aussi chaud. J'aurais voulu lui adresser d'autres questions; mais il était occupé avec son ami, et je ne pouvais pas, sans indiscrétion, les interrompre plus long-temps (1). »

De pareilles relations étaient suffisantes

___

(1) Remarques succinctes, etc., par Joseph Moxon. Voyages d'Harris.—Possibilité d'approcher du pôle arctique, démontrée par l'honorable docteur Barrington.

pour réveiller l'esprit de découvertes, et faire renaître l'idée, négligée depuis si long-temps, qu'il existait un passage au nord-ouest. Or, il est genéralement arrivé dans ce pays que quelqu'un, vivement convaincu de la probabilité du succès d'un voyage ou d'une entreprise quelconque, a réussi, par ses connaissances supérieures, ses efforts réitérés et sa persévérance constante, à faire adopter un projet qui, autrement, serait tombé dans l'oubli. Le capitaine Jean Wood était, à ce qu'il paraît, un homme de ce caractère. C'était un marin actif et expérimenté qui avait accompagné sir John Narborough dans son voyage au détroit de Magellan; il soutint avec chaleur qu'il était possible d'aller, par le nord ou par le nord-ouest, aux mers de l'Inde et à la Chine; opinion qu'il développa dans un mémoire adressé au roi, et dans lequel il démontrait ainsi l'existence de ce passage.

1.° Le capitaine Barentz pensait que la glace ne se prolongeait pas à plus de vingt lieues des côtes du Groënland et de la Nouvelle-Zemble, et que l'espace intermédiaire de cent soixante lieues était mer ouverte; 2.º par une lettre écrite de Hollande, et publiée dans les *Transactions philosophiques*, il paraît que la mer est ouverte au nord de la Nouvelle-Zemble; 3.º d'après le rapport de quelques Hollandais qui ont fait naufrage sur la côte de la Corée, il paraît qu'on a pris sur cette côte des baleines dont le corps était percé de harpons anglais et hollandais; 4.º l'histoire du Hollandais, racontée à M. Joseph Moxon; 5.º l'histoire du vaisseau hollandais qui avait approché jusqu'à un degré du pôle, histoire que Wood tenait lui-même du capitaine Goulden; 6.º l'assurance donnée par le même capitaine, que tout le bois apporté par les vagues sur les côtes du Groënland était rongé jusqu'au cœur par les vers de mer; 7.º la relation de deux navires qui avaient navigué pendant trois cents lieues à l'est de la Nouvelle-Zemble, publiées dans les Transactions philosophiques. Wood ajoutait que la chaleur était tout aussi grande sous le pôle que sous le cercle arctique, ce que prouvait l'expérience des Groënlandais, et que l'influence magnétique n'empêcherait pas de traverser le pôle sans accident.

Ces raisonnemens, ainsi qu'une carte des régions polaires, furent présentés au roi et au duc d'York. Dans un conseil des lords de l'amirauté, où, suivant l'usage du temps, le roi était présent, il fut décidé que le *Speedwell* serait équipé sur-le-champ pour l'expédition au pôle, et que le commandement en serait donné au capitaine Wood. Comme les voyages de découvertes sont exposés à divers accidens, le duc d'York et plusieurs seigneurs achetèrent une pinque de cent vingt tonneaux appelée la *Prospère*, pour qu'elle accompagnât le *Speedwell*. Le commandement en fut donné au capitaine Guillaume Flawes. Les deux bâtimens furent complétement équipés, approvisionnés pour seize mois, et chargés des marchandises qui pouvaient être les plus recherchées sur les côtes de la Tartarie et du Japon.

Ils partirent du Nore le 28 mai 1676, et paraissent avoir doublé le cap Nord vers le 19 juin; mais le journal du capitaine Wood est si maigre que, sans ses latitudes présumées et ses positions approximatives, il ne serait pas facile de le suivre, ou de découvrir où il était tel ou tel jour. Cependant, le 22 avril, ils avaient atteint le 75° 59' de latitude; ils virent alors des masses de glace à une lieue de distance; le temps était froid, et la neige tombait à gros flocons. Wood trouva au milieu de la glace plusieurs ouvertures qui lui permirent d'avancer; il vit aussi du bois flottant au milieu des glaçons. Le 26, il aperçut la terre qui était la côte occidentale de la Nouvelle-Zemble. La profondeur de la mer était de quatre-vingts brasses, ou de quatre cent quatre-vingts pieds; cependant l'eau était si claire et si transparente, qu'on pouvait très-bien en distinguer le fond, et même y apercevoir des coquillages.

Le 29, en voulant éviter la glace, le *Speedwell* alla donner sur des récifs cachés sous l'eau. La pinque était tout auprès, quoiqu'il ne paraisse pas qu'elle ait pu lui prêter alors le moindre secours. A peine était-on parvenu à débarquer le pain et les outils du charpentier pour reconstruire la chaloupe, au cas que la *Prospère* ne pût approcher à cause de la glace, que le bâtiment se brisa en mille pièces, et le brouillard empêchait de voir la *Prospère*. Cependant tout l'équipage parvint à aborder à terre, à l'exception de deux matelots qui se noyèrent. Le pain, la poudre et les provisions qui avaient été mises dans la chaloupe furent, ou endommagées, ou perdues ; mais heureusement cette perte fut réparée en partie le lendemain, car la marée déposa sur le rivage plusieurs barils de provisions, ainsi que des pièces de bois, des planches et des voiles qui servirent à faire des tentes. On n'aperçut aucun habitant dans l'île. Un gros ours blanc se jeta sur le canonnier, qui n'échappa à la mort qu'en donnant l'alarme. Ses compagnons accoururent sur-le-champ, et le délivrèrent en tuant l'ours.

Les Anglais restèrent neuf jours à terre, plongés dans une vive inquiétude, et assez mal pourvus de vivres, de munitions et de vêtemens, sans que les brouillards épais et continuels leur permissent d'apercevoir la

Prospère. Au bout de ce temps, quelqu'un fit la proposition de se diriger par terre vers le Waigatz, dans l'espoir de rencontrer quelque vaisseau russe qui pût les transporter sur le continent; mais, le 8 juillet, à leur joie inexprimable, ils découvrirent la *Prospère*. Ils allumèrent aussitôt un grand feu pour indiquer l'endroit où ils se trouvaient, et le même jour ils furent tous à bord de ce bâtiment. Depuis ce temps, le journal est continué par le capitaine Flawes.

Wood, après avoir ainsi fait naufrage, sans avoir effectué la plus petite découverte nouvelle, et sans avoir approché, de plusieurs degrés, soit en latitude, soit en longitude, des points où étaient déjà parvenus d'autres navigateurs, décide hardiment qu'il s'est laissé induire en erreur en suivant l'opinion de Barentz; que toutes les relations hollandaises et anglaises sont fausses; que la Nouvelle-Zemble et le Groënland (le Spitzberg) ne sont qu'un seul et même continent, et qu'on ne sait pas encore si la Nouvelle-Zemble est une île, ou bien si elle touche au continent de la grande Tartarie. « Par justice pour la mémoire des navigateurs anglais et hollandais, dit Barrington, je ne puis m'empêcher de rapporter ces réflexions aussi tranchantes que peu fondées, et qui semblent dictées uniquement par le dépit de n'avoir pu effectuer sa découverte (1). »

D'après un passage du journal d'Evelyn, qui vient d'être récemment publié, il paraîtrait que, dans la même année que Wood partit pour le nord-est, un capitaine Baker avait été envoyé au nord-ouest pour faire des découvertes. Cependant il ne reste aucune trace de ce voyage; il ne paraît pas qu'aucune compagnie d'armateurs en ait entrepris à cette époque, et il est certain que Wood fut seul expédié par l'amirauté. Il est donc probable que le passage du journal a rapport au voyage de Wood; et s'il en est ainsi, il contient des erreurs fort extraordinaires de la part d'Evelyn, connu

(1) Possibilité d'approcher du pôle arctique, etc.

d'ailleurs par son excellent jugement et par son exactitude minutieuse. Voici le passage : « Le 26 juillet 1676, je vis, chez le grand chambellan, le capitaine Baker, qui venait de faire une tentative pour trouver un passage au nord-ouest. Il parla de profondeurs immenses de glaces, bleues comme des saphirs, et aussi transparentes. Les brouillards épais furent le principal obstacle qu'il éprouva et la cause de son retour (1). »

Il n'est guère possible de douter que cette complication singulière d'erreurs dans la date, les noms et les objets, n'ait rapport à l'expédition malheureuse de Wood; celui-ci, pour me servir des expressions d'un écrivain célèbre, semble avoir terminé la longue liste des voyages infructueux entrepris au nord pendant ce siècle; et si tant d'efforts inutilement réitérés ne firent pas désespérer entièrement du succès, ils refroi-

---

(1) Mémoires d'Evelyn, etc.—*Journal*, 26 juillet 1676.

dirent du moins considérablement l'ardeur pour cette grande découverte, qui, pendant nombre d'années, cessa entièrement de fixer l'attention (1). »

(1) Introduction au dernier voyage de Cook, par le docteur Douglas.

QUATRIÈME PARTIE.

Voyages de découvertes dans les régions septentrionales pendant le dix-huitième siècle.

CHAPITRE Ier.

JACQUES KNIGHT, GEORGE BARLOW, DAVID VAUGHAN ET JEAN SCROGGS.

De 1719 à 1722.

Départ des trois premiers pour découvrir un passage et des mines au nord de la baie d'Hudson.—On n'en reçoit aucune nouvelle.—Scroggs fait un voyage à leur recherche.—Il paraît s'en être peu occupé.—Détails appris en 1767 sur leur naufrage et leur mort dans une île déserte.

On n'a jamais eu que très-peu de détails sur le malheureux voyage entrepris par Knight,

Barlow et Vaughan; car les deux bâtimens employés à cette expédition firent naufrage, et tout l'équipage périt misérablement. Knight était depuis long-temps au service de la compagnie de la baie d'Hudson, et avait fini par être nommé gouverneur de la factorerie établie sur la rivière de Nelson. Dans ses relations avec les indigènes, il avait appris qu'à quelque distance vers le nord, et sur les bords d'une rivière navigable dans laquelle les bâtimens pouvaient remonter depuis la baie, il y avait une mine abondante de cuivre natif. Après ces renseignemens positifs, il vint en Angleterre demander à la compagnie d'équiper deux bâtimens, et de les envoyer, sous son commandement, à la découverte de cette mine précieuse; mais la compagnie, par des raisons qui parurent ne pas faire beaucoup d'honneur aux vues libérales des directeurs, refusa d'accéder à la proposition de Knight.

Cependant il n'abandonna pas son projet. Il leur dit nettement que leur charte les obligeait à faire des decouvertes aussi bien qu'à étendre leur commerce; qu'ils s'étaient particulièrement engagés à chercher un passage au nord-ouest, par le détroit d'Anian, dans la mer du sud, et que s'ils refusaient de l'envoyer avec Barlow entreprendre un voyage de découvertes, il soumettrait sa demande au ministère. La compagnie le voyant aussi fermement déterminé à mettre son projet à exécution et craignant d'ailleurs que son zèle importun ne donnât lieu à une enquête sévère sur la légitimité de leur charte, crut de la prudence de se rendre à ses désirs. Elle équipa donc un vaisseau et un sloup nommés *l'Albany* et *la Découverte*, le premier commandé par le capitaine George Barlow, et l'autre par le capitaine David Vaughan; mais la direction générale de l'expédition fut confiée à Knight. Peut-être firent-ils d'autant moins de difficulté d'envoyer Knight, qu'il devait avoir près de quatre-vingts ans lorsqu'il entreprit ce voyage, du succès duquel il doutait si peu, qu'il fit construire des coffres-forts doublés en fer, pour contenir l'or et le cuivre qu'il s'attendait à trouver. C'était sans doute le seul objet qui occupât l'esprit de Knight; le passage au nord-ouest et le détroit d'Anian furent mis en avant pour décider la compagnie à lui accorder sa demande, en lui faisant voir la nécessité de tenter quelque entreprise qui semblât du moins remplir les conditions imposées par la charte (1).

Knight reçut donc l'instruction de reconnaître le détroit d'Anian, et de découvrir des mines d'or et autres dans le nord. Comme aucun des bâtimens ne revint, et qu'on n'en reçut jamais de nouvelles, on en conclut qu'ils avaient fait naufrage au milieu des glaces, ou qu'ils avaient été enfermés dans une crique ou dans un détroit d'où il leur avait été impossible de sortir. Comme c'était la compagnie de la baie d'Hudson qui avait fait expédier ces deux bâtimens, elle ne pouvait se dispenser d'en équiper un troisième qui cherchât à découvrir ce qu'étaient devenus les malheureux qui étaient à bord des deux premiers. Elle arma donc le *Whalebone*, qui fut commandé par Jean Scroggs. On n'a d'autre relation de ce voyage, qu'un

(1) Relation d'un séjour de six ans dans la baie d'Hudson, par Joseph Robson. *Appendice.*

extrait fort court, publié par Arthur Dobbs. Scroggs partit de la rivière de Churchill le 22 juin 1722. Arrivé à 62° de latitude, il vit les indigènes, et fit plusieurs échanges avec eux; il mouilla par 64° 56′, à trois lieues de la côte septentrionale, dont le promontoire le plus saillant reçut le nom de *Whalebone Point*. Il vit plusieurs baleines noires dans la mer, et quelques orignals sur le rivage; il avait avec lui deux Indiens du nord qui avaient passé l'hiver à Churchill. Ils lui parlèrent d'une belle mine de cuivre, qui était quelque part dans ce pays, près du rivage, et presque à fleur de terre; ils disaient que le bâtiment pourrait en approcher tellement, que ses côtés toucheraient à la mine. Ces Indiens avaient apporté à Churchill quelques morceaux de cuivre qui prouvaient l'existence de la mine dont ils parlaient. Avant de quitter Churchill, ils avaient tracé une esquisse du pays, avec du charbon sur un parchemin, et jusque-là leur dessin était exact (1).

(1) Description des pays contigus à la baie d'Hudson, par Arthur Dobbs.

Par 64° 8′ de latitude, étant alors dans le Welcome, Scroggs vit beaucoup de baleines, et ne rencontra pas de glace. Depuis la pointe de Whalebone, la terre courait au sud-ouest. Les matelots qui allèrent à terre, rapportèrent qu'ils n'aperçurent rien qui pût empêcher de pénétrer plus avant. La profondeur de l'eau était de quarante à soixante brasses. Le capitaine Norton, qui a été gouverneur de Churchill, et qui était alors avec Scroggs, a confirmé tous les récits de celui-ci. Il dit que l'élévation de la marée était de trente pieds; qu'étant à terre au haut d'une montagne, il vit la côte se diriger au sud-ouest, et rien qui pût empêcher d'aller plus loin.

On ne trouve pas dans cette relation un seul mot qui laisse entrevoir que l'on ait fait la moindre recherche concernant les infortunés qui étaient partis l'année précédente, et dont on n'avoit pas eu de nouvelles; il paraît même que l'on ne chercha pas à s'informer s'ils étaient encore vivans, s'ils avaient été massacrés par les indigènes, ou s'ils étaient morts de froid ou de faim. Plusieurs personnes, il est vrai, s'abusaient au point de se flatter de l'espoir que Knigth et Barlow avaient découvert le passage au nord-ouest, et avaient passé dans la mer du sud pour revenir par le cap Horn; mais, deux années s'étant écoulées dans une vaine attente, il ne fut plus possible de se bercer de cette espérance trompeuse. Enfin, en 1767, l'on acquit la preuve la plus certaine de l'horrible catastrophe qui avait terminé cette funeste entreprise.

En 1767, des embarcations employées par la compagnie à la pêche de la baleine, près de l'île de Marbre, découvrirent, en côtoyant le rivage, un havre vaste et commode, près de l'extrémité orientale de l'île; ensuite ils trouvèrent, à l'entrée, des canons, des ancres, des câbles, des briques, une enclume de forgeron, et plusieurs autres ustensiles que leur pesanteur ou leur peu d'utilité pour les indigènes avaient empêché ceux-ci d'emporter; ils aperçurent aussi sous l'eau les restes d'une maison, et le corps, ou plutôt le fond de deux bâtimens. Les canons, ainsi que la figure de l'un des navires, furent envoyés au fort, puis en Angleterre. Cette découverte éveilla naturellement l'attention.

Héarne rapporte que, dans l'été de 1769, la pêche l'ayant conduit sur l'île de Marbre, il rencontra plusieurs Esquimaux dans le havre, où les traces du séjour des Anglais avaient été découvertes. « Nous remarquâmes, dit-il, que deux de ces Esquimaux paraissaient plus âgés que les autres, et nous ne pûmes résister à l'envie de les questionner sur les bâtimens qui avaient dû périr dans ces parages. Il nous était d'autant plus facile de satisfaire notre curiosité, que nous avions avec nous un Esquimau attaché au service de la compagnie, comme interprète, et qui, tous les ans, s'embarquait en cette qualité. Voici la substance des renseignemens clairs et précis que ces vieillards nous donnèrent :

« Lorsque les bâtimens arrivèrent à l'île de Marbre, le jour était tombé; le plus grand des navires fut très-endommagé en entrant dans le havre ; une fois mouillé, les Anglais commencèrent à construire la maison : ils pouvaient être alors environ cinquante. L'été suivant, en 1720, aussitôt que la glace le permit, les Esquimaux leur rendirent une seconde visite; le nombre des Anglais était alors considérablement diminué, et ceux qui restaient paraissaient fort malades. » Suivant le rapport des vieillards, ils étaient occupés à un ouvrage que les Esquimaux eurent de la peine à désigner; sans doute ils alongeaient la chaloupe, car, à peu de distance de la maison, je vis encore une grande quantité de copeaux de chêne qui ne pouvaient provenir que du travail des charpentiers.

La maladie et la famine firent de tels ravages parmi les Anglais, qu'au commencement du second hiver, ils n'étaient plus que vingt. Dans l'hiver de 1720, plusieurs Esquimaux s'établirent aussi à l'entrée du havre, du côté opposé à celui où les Anglais avaient construit leurs maisons; ils leur fournissaient souvent des provisions, qui consistaient principalement en huile de baleine et en chair de phoque. A l'approche du printemps, les Esquimaux repassèrent sur le continent; et, lorsqu'ils revinrent à l'île de Marbre, dans l'été de 1721, ils ne trouvèrent plus que cinq Anglais qui avaient survécu à leurs malheureux compagnons; et telle était l'extrémité à laquelle ils se trouvaient réduits, tel était l'excès de leur misère, qu'ils dévorèrent avidement la chair de phoque et de baleine toute crue, que les Esquimaux leur apportaient. Une pareille nourriture eut bientôt des résultats funestes : trois en moururent au bout de quelques jours, et les deux autres, quoique très-faibles, creusèrent une fosse pour les enterrer : ces deux-là vécurent encore assez long-temps. Ils montaient fréquemment sur la pointe d'un rocher voisin, regardant fixement au sud et à l'est, pour voir si quelque vaisseau ne venait pas à leur secours. Après être restés long-temps sur le rocher sans rien apercevoir, ils s'asseyaient l'un contre l'autre, et pleuraient amèrement. Bientôt l'un des deux mourut, et les forces de l'autre étaient si complétement épuisées, qu'il expira en essayant de creuser une fosse pour son compagnon : on voit encore près de la maison les crânes et les os de ces deux hommes. Celui qui vécut le plus long-temps était, au rapport des Esquimaux, toujours occupé à convertir le fer en différens outils et ustensiles ; c'était sans doute l'armurier ou le forgeron (1).

(1) Voyage depuis le fort du prince de Galles dans la baie d'Hudson jusqu'à l'Océan nord, par Samuel Héarne. *Introduction.*

CHAPITRE II.

CHRISTOPHE MIDDLETON. 1741.

Recherche d'un passage au nord de la baie d'Hudson.—Le capitaine Middleton en est chargé. — Il ne réussit pas à le trouver.—On l'accuse de s'être laissé gagner par la compagnie de la baie d'Hudson pour ne pas faire des découvertes.

Les observations faites par Scroggs et par Barlow sur les marées et les baleines qu'ils avaient vues dans le Welcome, ainsi que leur rapport sur la mine de cuivre, d'où il y avait une communication si facile avec la mer, enfin la carte tracée par les deux Indiens, parurent à un particulier anglais, nommé Dobbs, des preuves si positives de l'existence d'un passage conduisant dans le grand Océan occidental, qu'à force de sollicitations, de remontrances et d'importunités, il parvint à décider la compagnie de la baie d'Hudson à équiper deux petits bâtimens pour reconnaître la côte orientale du Welcome au nord de leurs établissemens. Ces bâtimens partirent en 1737; il paraît qu'on n'a jamais publié aucune relation de leur voyage ; mais on suppose qu'ils n'allèrent que jusqu'à 62° 30' de latitude nord, confirmant cependant ce qu'avaient dit Fox, Button et Scroggs, sur la forte marée qui venait du nord.

Il paraît que Dobbs ne fut pas très-satisfait de cette expédition ; il publia un écrit, dans lequel il accusa nettement la compagnie de la baie d'Hudson d'empêcher à dessein la continuation des découvertes, au lieu de les faciliter. « La compagnie, dit-il, évite, autant qu'il est possible, de faire des découvertes au nord de Churchill, ou d'étendre son commerce de ce côté, de peur de découvrir un passage vers l'Océan occidental de l'Amérique, et de faire connaître au reste des négocians anglais un commerce qu'elle sait n'avoir pas de droit légal pour exercer exclusivement; en effet, si le passage était trouvé, cette découverte exciterait les autres négocians non seulement à faire le commerce par ce passage, mais encore à profiter des grands avantages que pourrait offrir celui des rivières et des pays contigus à la baie, et la compagnie perdrait ainsi son précieux monopole : aussi, quoiqu'elle connaisse très-bien l'existence d'une belle mine de cuivre sur une branche navigable de la mer au nord-ouest de *Whale Cove* (l'Anse de la Baleine), et quoique les Indiens aient offert d'y conduire ses bâtimens, la crainte de découvrir le passage met des bornes à l'avarice de la prudente compagnie, et l'empêche d'exploiter la mine qui, d'après tous les rapports, doit être fort abondante. Les Indiens assurent qu'elle est située sur un bras de mer navigable, et d'une grande profondeur, qui conduit au sud-ouest, et ajoutent qu'on y rencontre beaucoup de grands poissons noirs, faisant jaillir l'eau par leurs naseaux, ce qui confirme l'opinion que les baleines qu'on voit entre Whale Cove et la rivière Wager y viennent toutes de l'Océan occidental, puisqu'on n'en voit dans aucun autre endroit de la baie ou du détroit d'Hudson (1).

Il est assez singulier qu'après avoir manifesté une opinion si forte contre la compagnie, Dobbs soit entré en correspondance avec le capitaine Middleton, qui était depuis plusieurs années au service de cette société, et qui devait naturellement en dé-

(1) Description des pays contigus à la baie d'Hudson, par Arthur Dobbs.—Il est certain que la compagnie de la baie d'Hudson fut, pendant long-temps, excessivement jalouse du monopole qu'elle exerçait, et que, loin de faciliter en aucune manière les projets de découvertes dans le nord, elle cachait soigneusement à tous les yeux le peu de lumières qu'elle pouvait acquérir; mais, plus récemment, les gouverneurs de cette compagnie ont communiqué généreusement tous les renseignemens qui leur avaient été envoyés sur la géographie et sur l'hydrographie de la mer d'Hudson et des terres adjacentes: M. Arrowsmith peut l'attester. Que leurs employés n'aient pas été très-actifs dans leurs observations et dans leurs recherches, c'est un fait incontestable; mais il faut plutôt en accuser les individus que la compagnie.

fendre les intérêts. Cependant les faits qu'il apprit de ce capitaine le confirmèrent dans sa première opinion, et ne lui laissèrent plus le moindre doute sur l'existence d'un passage conduisant dans la mer Pacifique. Appuyé sur ces faits, il décida les lords de l'amirauté à employer un bâtiment de l'état à un voyage de découvertes, et à en donner le commandement au capitaine Middleton. La bombarde la *Fournaise*, et la pinque la *Découverte*, commandée par Guillaume Moor, furent mises sous ses ordres.

Middleton quitta l'Angleterre en 1741, et passa l'hiver dans la rivière de Churchill, par 58° 56′ de latitude, où il fut retenu, l'on ne sait pourquoi, jusqu'au 1.er juillet 1742. En sortant de cette rivière, il suivit la côte au nord, et, le 4, il vit *Crook Cobham*, qui était encore couvert de neiges. Le 10, il était par 63° 51′ de latitude, et 88° 34′ de longitude ouest. Le Welcome avait dans cet endroit onze à douze lieues de largeur, et était rempli de glaces flottantes, dont la partie supérieure fournissait de l'eau fraîche pour l'usage de l'équipage.

Continuant à naviguer au milieu de la glace, Middleton aperçut, au nord du cap Dobbs, un autre promontoire sur le côté nord-ouest du Welcome, par les 65° 12' de latitude et 86° 6' de longitude ouest; au-delà était une belle entrée, ou rivière, large de sept à huit milles, et se prolongeant à quatre à cinq lieues. Les vaisseaux entrèrent dans cette ouverture pour se mettre à l'abri des glaçons, jusqu'à ce qu'ils se fussent dispersés dans le Welcome. L'entrée de cette rivière, qui est le *Wager*, se trouve par 65° 23' de latitude. La glace entrait et sortait avec la marée; mais les bâtimens trouvèrent un bon mouillage sur la côte septentrionale, à l'abri des glaçons, dans une anse qui fut appelée l'*anse Sauvage*.

Le 15, Middleton envoya une chaloupe avec un lieutenant et neuf hommes bien armés, pour examiner la rivière. Ils revinrent, le 17, après avoir été aussi loin que la glace le permettait. Les bâtimens descendirent la rivière le 21, et le capitaine, en montant sur une éminence, à quelques milles au-dessus de l'entrée, vit que le

Welcome était encore entièrement couvert de glace. Dans une excursion, en remontant la rivière, on remarqua un grand nombre de baleines noires et d'autres poissons, tandis que, plus bas, dans l'endroit où les bâtimens étaient à l'ancre, ils n'en avaient jamais vu. Cette circonstance fit espérer qu'il y avait une autre ouverture que celle par laquelle ils étaient entrés. Le lieutenant et le maître furent chargés d'aller examiner toutes les anses sur la côte septentrionale du Wager. Ils revinrent le premier août, après quatre jours d'absence, et rapportèrent qu'ils avaient vu grand nombre de baleines noires; qu'ils avaient examiné toutes les ouvertures qu'ils avaient vues, et qu'ils avaient constamment trouvé que le flux venait de l'est, c'est-à-dire entrait dans l'embouchure du Wager, ce qui fit évanouir tout espoir de trouver d'autre issue que celle par laquelle on était entré.

Le 4 août, les bâtimens sortirent de la rivière, étant par 65° 38′ de latitude et 87° 7′ de longitude ouest: ils entrèrent dans une autre ouverture située au nord-est du

Wager, qui avait treize lieues de largeur. Le lendemain ils étaient par 66° 14′ de latitude, et 86° 28′ de longitude ouest, endroit où cette ouverture se rétrécissait, et n'avait plus que huit à neuf pieds de largeur. Quoique le flux vînt de l'est, la vue d'un beau cap ou promontoire et la direction de la côte causèrent la plus grande joie parmi tout l'équipage, qui se persuadait que ce cap était la pointe nord-est de l'Amérique. Middleton lui donna, par cette raison, le nom de cap *Hope* (Espoir).

Le lendemain, lorsque le brouillard se fut dissipé, il reconnut que la terre se prolongeait au nord-ouest, et formait une baie profonde. Il navigua vers le fond de cette baie, et vit qu'il ne pouvait pas avancer au-delà de six à huit milles; il essaya de profiter du moment de la marée, mais il trouva que ce n'était qu'une eau dormante, et il en conclut qu'il devait avoir passé l'ouverture par laquelle le flux entrait dans cet endroit. Middleton parle d'une manière fort peu intelligible d'un *détroit glacé* qu'il y avait à l'est; il dit que, le 8, à dix heures du matin, il alla à terre, accompagné du canonnier, du charpentier et de son écrivain, pour voir s'il pourrait découvrir par où le flux venait dans cette baie ou détroit. Il décrit l'entrée du détroit glacé, comme situé entre des îles sur la côte orientale. Il fit, ajoute-t-il, environ quinze milles pour monter sur la plus haute montagne qui commandait le détroit, et vit le passage par lequel le flux arrivait. La partie la plus étroite de ce détroit, dit-il, a de quatre à cinq lieues de largeur; il y a des endroits où il en a jusqu'à sept; il a seize à dix-huit lieues de longueur, et il est rempli d'îles de différentes grandeurs. A l'ouest, il était couvert de glaces, non pas détachées, mais tenant fortement aux différentes îles et aux rochers. N'ayant aucun espoir dans cette direction, Middleton, de l'avis de tout l'équipage, résolut d'examiner l'autre rive du Welcome, depuis le cap Dobbs jusqu'à Brook-Cobham, pour savoir s'il y avait une ouverture de ce côté, puis retourner en Angleterre.

En conséquence, le 9 août, il fit route au sud; et, le 15, après avoir renouvelé son eau à Brook-Cobham, il se dirigea vers l'Angleterre. Dobbs, en le voyant, parut d'abord persuadé qu'il avait fait tout ce qui était en son pouvoir, et qu'il n'y avait point de passage praticable par le Welcome; mais quelque temps après, Dobbs, étant en Irlande, reçut une lettre anonyme dans laquelle on lui marquait que le détroit glacé était une fable, de même que tout ce que Middleton avait écrit sur cette partie du voyage. Cette lettre écrite, comme on le découvrit plus tard, par le chirurgien et par l'écrivain, éveilla des soupçons dans l'esprit de Dobbs; il commença à douter que Middleton eût fait son devoir. En approfondissant ce mystère, ses doutes se changèrent à ses yeux en certitudes; il finit par l'accuser de trahison envers le gouvernement, et d'avoir accepté une somme de 5,000 livres sterling que la compagnie de la baie d'Hudson lui avait offerte pour qu'il ne fît pas de découvertes. Middleton nie formellement d'avoir rien reçu; mais il n'a pas l'air de disconvenir qu'il n'ait dit à quelques membres de la compagnie, ayant de quitter l'Angleterre, qu'il découvrirait le passage nord-ouest, et que cependant aucun de ceux qui l'accompagneraient n'en seraient plus savans pour cela.

La dispute s'échauffa de plus en plus ; quelques officiers de Middleton prirent parti contre lui, jurant qu'il avoit altéré les faits, que son exposé était faux, et qu'il avait cherché à les séduire pour qu'ils cachassent la vérité. Ce ne fut pas tout ; Dobbs l'accusa encore non seulement d'avoir examiné légèrement les endroits les plus importans de la côte, et la direction ainsi que la hauteur de la marée, du côté où, d'après toutes les observations faites antérieurement, il étoit le plus probable qu'il trouverait un passage, mais encore d'avoir évité la côte, ou de ne s'en être approché que pendant la nuit; d'avoir donné de faux renseignemens sur le cours des marées, et d'avoir imaginé un détroit couvert de glaces, afin d'y amener une marée, à l'appui des faussetés qu'il avait inscrites dans son journal, afin de conclure de là qu'il n'existe point de passage, etc. (1).

(1) Description des pays contigus à la baie d'Hudson, par Arthur Dobbs.

Il ajoute « que toute la conduite de Middleton, depuis son départ pour Churchill jusqu'à son retour en Angleterre, et même depuis son retour, prouve jusqu'à l'évidence qu'il voulait favoriser les intérêts de la compagnie aux dépens de ceux du public, et qu'il avait tout disposé de manière à rendre ce voyage inutile, et à empêcher d'autres navigateurs d'en entreprendre un semblable à l'avenir, afin de s'assurer la faveur de la compagnie, et la récompense qu'elle lui avait promise avant qu'il commençât ce voyage. » (1).

Les lords de l'amirauté sommèrent le capitaine Middleton de répondre aux différens points de l'accusation dirigée contre lui par Dobbs; il le fit en entrant dans de grands détails; mais il paraît que l'amirauté ne fut pas satisfaite de ses explications, ou du moins qu'elle ne donna pas à sa conduite l'approbation que Middleton avait vivement sollicitée. On peut, au contraire, présumer qu'elle le crut coupable, et qu'elle partagea l'opinion de Dobbs sur l'existence très-pro-

(1) Description des pays contigus à la baie d'Hudson, par Arthur Dobbs.

bable d'un passage au nord-ouest, que Middleton n'avait pas su ou n'avait pas voulu découvrir; en effet, dans l'année qui suivit le retour de Middleton, le parlement rendit un acte, par lequel une récompense de vingt mille livres sterling fut promise à celui ou à ceux des sujets de la Grande-Bretagne qui découvriraient un passage au nord-ouest par le détroit d'Hudson, dans l'Océan à l'ouest, et au nord de l'Amérique : « découverte qui serait, est-il dit dans le préambule, d'un grand avantage au commerce de ce royaume. »

CHAPITRE III.

GUILLAUME MOOR et FRANÇOIS SMITH.
1746.

Recherche du même passage au nord-ouest.—Hiver passé près du fort d'York.—Rigueur du froid. — Reconnaissance de divers points.—Retour en Angleterre.

L'opinion publique, qui était en faveur de l'existence d'un passage au nord-ouest, ne fut aucunement ébranlée par le manque de succès du voyage de Middleton. Les accusations graves dirigées contre lui par Dobbs, et les argumens de ce dernier en faveur du passage, finirent par l'emporter. La désapprobation tacite de la conduite de cet officier par les lords de l'amirauté, et la récompense libérale qui, à leur demande, avait été promise à quiconque découvrirait ce passage, produisirent l'effet qu'on pouvait en attendre. Le plan d'une nouvelle expédition fut aussitôt conçu; et, afin de subvenir aux dépenses, on proposa d'ouvrir une souscription pour lever la somme de 10,000 livres sterling, qui serait divisée en cent actions de 100 liv. sterling chacune. On nomma un comité, et l'on acheta deux petits bâtimens, le *Dobbs*, de cent quatre-vingts tonneaux, et la *Californie*, de cent quarante. Le commandement du premier fut donné au capitaine Guillaume Moor, et celui du second au capitaine François Smith. Henri Ellis fut chargé d'accompagner l'expédition en qualité d'agent du comité. Il a paru deux relations de ce voyage: l'une, par Ellis, est claire, sans prétention, et parfaitement intelligible (1); l'autre, par Drage, écrivain de la Californie, n'est qu'une composition pédantesque remplie de dissertations à perte de vue, et de déclamations

---

(1) Voyage à la baie d'Hudson, par Henri Ellis. Londres, 1748, 1 vol. in-8.° avec cartes et figures, traduit en français.—Paris, 1749, 2 vol. in-12 avec figures. Cette traduction est mauvaise.

contre Ellis (1). L'extrait suivant est tiré du journal d'Ellis.

Les deux bâtimens partirent de Gravesend le 20 mai 1746; ils commencèrent à voir des glaces le 27 juin à l'est du cap Farewell, par 58° 30′ de latitude, et bientôt après des quantités de bois flottans, dont Ellis veut expliquer l'origine par des con-

(1) Relation d'un voyage pour la découverte d'un passage au nord-ouest, pour pénétrer par le détroit d'Hudson dans l'Océan occidental et méridional, par l'écrivain de la Californie. Londres, 1749, 2 vol. in-8°. avec cartes et figures. — Draqe, malgré son animosité contre Ellis, est d'accord avec lui sur les faits principaux. Il convient que l'on n'a pas exploré assez soigneusement toutes les ouvertures qui se sont présentées. Il croit aussi à l'existence du passage, et fonde son opinion sur la relation de l'amiral De Fonte. Du reste, il partage l'idée de Middleton sur l'existence d'une mer glaciale qui, partant de la baie Repulse, unit le Welcome à la baie de Baffin et au détroit d'Hudson. Sa carte des passages du nord-ouest de la baie d'Hudson est plus exacte que celle d'Ellis : il s'étend beaucoup sur les mœurs des sauvages de l'Amérique septentrionale, mais presque toujours il copie littéralement le livre du Père Laffittau. (T.)

jectures vagues et certainement fausses; car il suppose que ce bois vient de la côte occidentale du Groënland, où il aurait dû savoir qu'il n'y en a d'aucune espèce. Il fait aussi quelques réflexions sur l'origine de ces montagnes de glace qui flottent sur le détroit d'Hudson, et partage l'opinion de Hans Egede, qui est incontestablement la bonne; c'est qu'elles sont originairement formées à terre.

Les Anglais doublèrent l'île de la *Résolution* et l'île *Sauvage*, où ils virent les Esquimaux, dont l'extérieur, l'habillement, les ustensiles et les canots sont décrits avec beaucoup d'exactitude. Ellis remarque qu'on peut toujours s'apercevoir qu'on approche des grandes îles ou plaines de glace, par le changement subit de la température. Le froid succède aussitôt à la chaleur, et l'on voit généralement des brouillards bas et épais suspendus dans l'air. Il fait encore observer que la réfraction est si grande, qu'il n'est pas rare de voir la glace se projeter au-dessus de l'horizon au moins de six degrés.

Le 2 août, ils doublèrent le cap Digges,

passèrent devant les îles de Mansell, et, le 11, eurent connaissance de la côte occidentale du Welcome, par 64° de latitude nord. De là ils se dirigèrent vers l'île de Marbre, où ils firent quelques observations sur les marées et sur les courans; et, voyant que le flux descendait du nord le long de la côte, ils conçurent de grandes espérances de trouver un passage; mais, comme la saison était avancée, ils résolurent d'aller relâcher dans le port Nelson, jugeant que c'était l'endroit le plus convenable pour passer l'hiver. Ils firent donc voile vers ce port le 17 août; mais, le 26, le *Dobbs* toucha sur des basfonds, près d'un endroit appelé *Five-Fathom-Hole*, à environ sept milles du fort d'York. Un poteau avait été érigé pour servir de direction; mais le gouverneur de la baie d'Hudson l'avait fait abattre, quoiqu'il sût très-bien, dit Ellis, qui nous étions. Ce ne fut pas tout; il leur ordonna de n'approcher, sous aucun prétexte que ce fût, de la factorerie, sans produire une autorisation en règle, soit du gouverneur, soit de la compagnie de la baie d'Hudson. Cependant le *Dobbs* parvint à remettre en mer; et, sans s'inquiéter des menaces du gouverneur, les deux bâtimens remontèrent la rivière Hayes, et jetèrent l'ancre dans une crique, à environ deux milles au-dessus du fort d'York. Tout le monde se mit aussitôt à l'ouvrage; les uns creusaient des trous dans la terre pour enterrer le vin et la bière; les autres construisaient des cabanes de bois pour se mettre à l'abri du froid, de la neige et de la gelée. — « Le froid est rigoureux, sans doute, dit Ellis, mais il ne paraît pas cependant justifier les récits terribles que quelques auteurs ont faits de ce pays, » voulant sans doute parler de la relation exagérée du capitaine James.

Le 1.er novembre, ils étaient tous logés aussi commodément qu'il était possible; le 2, le froid fut si rigoureux, que l'ancre gelait auprès du feu, ainsi que les bouteilles de bière qu'ils n'avaient point enterrées, et qui bientôt ne continrent plus que des glaçons. Le froid augmenta à un tel point, que le capitaine crut de la prudence de faire venir dans les cabanes tous ceux des matelots qu'on avait laissés à bord des deux bâtimens.

Il paraît cependant que le froid se fait rarement sentir avec autant de violence pendant plus de quatre à cinq jours par mois, et que c'est généralement vers le temps de la pleine lune et du changement de lune; le vent vient alors ordinairement du nordouest, et souffle avec impétuosité; mais autrement, quoiqu'il gèle très-fort, Ellis dit que le temps n'est pas très-désagréable. Le vent est variable et modéré, et le temps favorable pour aller à la chasse des animaux ou pour les attraper dans des piéges, surtout les lapins et les perdrix, dont on prenait des quantités considérables. En faisant continuellement de l'exercice lorsque le le temps le permettait, en entretenant de grands feux, et en bouchant la cheminée dès que le bois était brûlé, les Anglais souffrirent très-peu des effets du froid.

Ellis remarque que la différence entre la température de l'air et celle de l'intérieur des cabanes était si grande, que la plupart d'entre eux s'évanouissaient souvent en y entrant, et restaient pendant quelque temps privés de connaissance ; que, si l'on ouvrait seulement une porte ou une fenêtre, l'air glacial pénétrait aussitôt, et changeait en flocons de neige la vapeur concentrée dans la cabane. La sève des troncs d'arbres qui avaient servi à la construction de leurs demeures, gelant et dégelant tour à tour, les faisaient craquer avec un bruit presque égal à celui d'un coup de fusil. L'esprit-de-vin ne se changeait pas en glace par l'influence de la gelée, mais devenait de la consistance de l'huile. Les différentes espèces de gibier qu'ils prirent depuis novembre jusqu'en avril, étant gelées, se gardaient aisément, sans qu'il fût besoin de les saler. Lorsqu'une partie quelconque du corps humain était gelée, elle devenait dure et blanche comme la glace ; si l'on frottait cette partie avec la main, elle revenait dans son état naturel, et il ne se formait qu'une ampoule ; mais si l'on n'y touchait point, elle se gangrenait.

Le froid extrême paraissait produire à peu près le même effet que l'extrême chaleur; et les souffrances qu'il occasionnait exigeaient presque le même traitement. Ellis ne peut parler du degré de froid absolu, parce qu'ils n'avaient qu'un seul thermomètre qui avait été brisé avant qu'ils fussent arrivés dans cet endroit. Une note mise à la main sur l'exemplaire du livre d'Ellis, d'où cet extrait est pris, porte que « le plus grand degré de froid observé (par l'écrivain) à Churchill, était 45° au-dessous de zéro du thermomètre de Fahrenheit. »

Les effets du froid sont assez remarquables. — « Si nous touchons dans l'hiver, dit Ellis, du fer ou toute autre surface solide unie, nos doigts y sont aussitôt attachés par la gelée. Si, en buvant une goutte d'eau-de-vie, la langue ou les lèvres touchent le verre, la peau y reste attachée lorsqu'on le retire. » Nous en eûmes un exemple singulier dans un de nos matelots, qui portait une bouteille d'eau-de-vie de la maison dans sa tente; n'ayant pas de bouchon, il se servit de son doigt pour la boucher, et la gelée l'y fixa avec tant de force, qu'il fut obligé d'en perdre une partie pour qu'on pût guérir l'autre. Tous les corps solides, tels que le verre, le fer, la glace, etc., acquièrent un degré de froid si excessif, qu'ils résistent même pendant long-temps à l'action d'une forte chaleur.

« Cependant les habitans, dit Ellis, ne sont ni à plaindre ni malheureux. » Il va même jusqu'à assurer que des Européens qui y ont vécu plusieurs années préfèrent cet endroit à tous les autres, et que, lorsqu'ils le quittent et remontent sur leurs bâtimens pour retourner dans leur patrie, ils se lassent ordinairement, au bout de quelques mois, d'un climat plus tempéré, et attendent avec impatience le retour de la saison qui doit leur fournir l'occasion d'aller rendre une nouvelle visite à ces régions glaciales.

Ce ne fut que le 2 juin que l'hiver finit entièrement et que le temps permit aux Anglais de descendre à l'embouchure de la rivière; mais ce ne fut que le 24 qu'ils réussirent à sortir des bas-fonds; ils se dirigèrent alors au nord pour faire des découvertes. Au nord de Churchill, la mer était libre de glaces. Ellis remarque que, le long du rivage et au milieu des îles, les aiguilles des boussoles semblaient perdre leur vertu magnétique, l'une se mouvant dans telle direction, et l'autre dans une autre, encore ne demeuraient-elles jamais long-temps dans la même. Ses conjectures sur ce fait qui a été remarqué parmi les îles de la baie d'Hudson et avant et depuis ce temps, ne paraissent pas jeter beaucoup de lumière sur ce phénomène, et il est par conséquent inutile de les rapporter.

Ils se dirigèrent vers le nord jusqu'à 65° 5′. dans le Welcome, où ils trouvèrent que le flux arrivait du nord. Cette direction de la marée et la proximité du détroit du Wager, sur lequel il y avait eu une dispute si violente entre Dobbs et le capitaine Middleton, déterminèrent les capitaines du *Dobbs* et de la *Californie* à y entrer pour l'examiner. L'entrée de ce détroit est formée par le *cap Montague* au nord, et par le *cap Dobbs* au midi. A environ cinq lieues dans l'intérieur, il se rétrécit, et n'a guère que cinq milles de largeur. Dans cet endroit, le flux se précipite avec tant d'impétuosité qu'Ellis le compare à un torrent qui s'échappe d'une écluse; plus loin le détroit s'élargit de nouveau, et forme de bons havres et d'excellens ancrages. A cent cinquante milles de l'entrée, la couleur de l'eau était très-brillante, et le goût en était très-salé. Dans cet endroit; un courant rapide traversait le détroit; les chaloupes passèrent cependant sans difficulté, et, plus loin, la profondeur augmentait à un tel point qu'ils ne trouvaient point de fond à 140 brasses. L'eau sur la surface était douce; mais, en enfonçant une bouteille vide à la profondeur de trente brasses, on la retirait remplie d'eau aussi salée que celle de l'Atlantique. Bientôt après l'eau diminua tout-à-coup, et l'on découvrit que ce détroit se séparait en deux branches et formait deux rivières qui n'étaient point navigables, l'une prenait sa source dans un grand lac situé au sud-ouest.

Trompés dans leur espoir de trouver un passage par le Wager, car ils supposaient que c'était ce détroit, quelques-uns d'entre eux proposèrent d'examiner une autre ouverture au nord qui paraissait être le *détroit glacé* du capitaine Middleton, et qui est connu aujourd'hui sous le nom de *baie Répulse*. Ils étaient d'autant plus encouragés à faire cette tentative, que plus ils avançaient vers le nord le long de cette côte, plus ils voyaient augmenter l'espoir de trouver un passage communiquant avec un grand Océan ; car les marées étaient toujours plus hautes, et le temps de la haute mer arrivait plus tôt que vers le sud. Ellis dit : « La salure et la transparence de l'eau dans le Welcome était telle, qu'on pouvait voir le fond à la profondeur de douze à quatorze brasses ; » et il ajoute, pour nouvelles preuves, « le grand nombre de baleines qu'on voit continuellement sur la côte, et l'expérience réitérée que nous fîmes, que les vents nord-ouest amenaient les plus hautes marées. »

Cependant, les commandans et les officiers ne furent pas du même avis, lorsqu'on proposa d'aller reconnaître cette baie. Les uns prétendaient que c'était s'écarter de leurs instructions ; et la plupart désiraient évidemment qu'on ne poussât pas plus loin les recherches, donnant pour prétexte la saison avancée, quoiqu'on ne fût encore qu'au 7 août, et que l'hiver commence rarement avant le commencement ou le milieu d'octobre. Dès ce moment on ne fit plus rien, pas même la moindre tentative ; on tint conseil, et il fut décidé qu'on retournerait directement en Angleterre, ce qui fut mis sur-le-champ à exécution. Le 29 août, les deux vaisseaux arrivèrent à l'entrée occidentale du détroit d'Hudson, par un temps chaud et très-agréable, qui dura jusqu'au 3 septembre ; et, après être restés quelque temps aux Orcades, ils arrivèrent dans la rade d'Yarmouth, le 14 octobre, après une absence d'un an quatre mois dix-sept jours.

« Ainsi finit, dit Ellis, un voyage qui avait excité la plus grande attention non seulement parmi nous, mais dans la plus grande partie de l'Europe, surtout dans les pays maritimes, qui pouvaient le mieux en apprécier la nature et les conséquences, ainsi que les importans résultats que devait avoir une pareille entreprise, si elle était couronnée de succès. Ainsi, dis-je, finit ce voyage malheureux, mais non pas inutile; car, quoique nous n'ayons pas découvert un passage au nord-ouest, cependant, bien loin d'en présumer l'existence impossible ou même improbable, nous rapportâmes au contraire des preuves plus claires et plus complètes, fondées uniquement sur l'évidence, sur des faits certains, et sur des observations exactes, qui démontrent qu'il existe sans doute un passage dans cette direction. »

CHAPITRE IV.

SAMUEL HEARNE. 1769 à 1772.

Voyage par terre pour chercher une mine de cuivre au nord de la baie d'Hudson. — Hearne, abandonné par son guide, revient. — Second voyage qui n'est pas plus heureux. — Troisième voyage. — Fatigue et dangers de la route. — Barbarie des Indiens qui lui servaient de conducteurs. — Il arrive au bord de la mer du nord. — Doutes sur l'exactitude de la relation.

Le résultat peu satisfaisant du voyage du *Dobbs* et de la *Californie* parut assoupir l'ardeur des découvertes dans le nord, ardeur que la récompense offerte par le parlement, quelque brillante qu'elle fût, ne put réveiller. Pendant près de trente ans, aucune tentative ne fut faite par mer, de ce côté, ni par le gouvernement, ni par les particuliers. A la fin, cependant, la compagnie de la baie d'Hudson entreprit de faire des découvertes au nord par terre, tant pour chercher la grande rivière sur laquelle était la mine de cuivre dont il est si souvent parlé, que pour avoir des détails et des renseignemens corrects sur la géographie du pays. Samuel Hearne, employé principal à la factorerie sur la rivière Churchill, fut choisi pour conduire cette expédition.

Il partit du fort du prince de Galles le 6 novembre 1769, traversa le Seal River et parcourut des terrains nus et stériles; mais comme le froid était déjà très-rigoureux, que toutes ses provisions étaient épuisées, sans qu'il pût s'en procurer d'autres, et que le chef des Indiens qui l'accompagnaient, après lui avoir témoigné le désir de retourner, finit par le quitter, il fut obligé de revenir sur ses pas, sans avoir été au-delà de 64° de latitude. Il rentra à la factorerie le 11 décembre.

Le 23 février 1770, il partit une seconde fois accompagné de cinq Indiens, trois du nord, et deux du midi. Ils continuèrent à avancer lentement vers le nord-ouest, subsistant de ce que le pays leur fournissait, ayant quelquefois des alimens en abondance, et quelquefois n'ayant rien du tout. « Nous avions quelquefois trop, dit Hearne, rarement assez, souvent trop peu, et fréquemment nous n'avions rien du tout. Il suffira de dire que nous avons passé plusieurs fois deux jours et deux nuits, et deux fois plus de trois jours sans manger, et qu'une fois nous avons été près de sept jours sans avoir d'autre nourriture, que quelques fruits sauvages, de l'eau, des morceaux de vieux cuir et des os brûlés. »

Vers la fin de juillet, son guide lui fit entendre que l'année était trop avancée pour qu'ils pussent songer à aller alors jusqu'à la rivière de la mine de cuivre, et il lui proposa de passer l'hiver chez une tribu d'Indiens, au milieu de laquelle ils étaient alors, entre 63 et 64° de latitude; mais, le 11 août, pendant qu'Hearne était occupé à faire une observation pour déterminer la latitude, un coup de vent renversa tout-à-coup ses instrumens; et, comme le terrain était pierreux, ils se brisèrent en mille pièces. Ce malheur fut cause qu'il se décida à retourner encore une fois au fort, quoiqu'il fût alors par 63° 10′ de latitude nord, et environ 10° 40′ de longitude à l'ouest de la rivière Churchill. Après avoir éprouvé beaucoup d'obstacles, et avoir extrêmement souffert de la rigueur du froid et de la faim, il arriva au fort du prince de Galles, le 25 novembre, après une absence de huit mois et vingt-deux jours.

Le 7 décembre, Hearne partit pour la troisième fois; le 1.er juillet 1771, il arriva dans un endroit appelé *Conghecatháhatchaga*, qui est remarquable non seulement par la longueur de son nom, mais aussi comme étant le seul point, dans un aussi long voyage, où Hearne ait fait quelque observation pour déterminer la latitude; encore ne donne-t-il aucuns détails; il dit simplement qu'il fit deux observations qui déterminèrent la latitude de ce lieu à 68° 46′ nord, et 24° 2′

de longitude à l'ouest du fort du prince de Galles, ou 118° 15′ de Londres.

Le 13 du même mois, il arriva sur le bord de la rivière de la mine de cuivre; et, le 15, il commença à l'examiner. Les Indiens qui l'accompagnaient sont en guerre continuelle avec les Esquimaux qui demeurent sur les bords de la rivière; ils se préparèrent à les attaquer dans leurs tentes, dont ils approchèrent le 17 vers une heure du matin. Voyant que tous les Esquimaux étaient tranquillement dans leurs tentes, ils avancèrent doucement; et, tombant à l'improviste sur ces pauvres malheureux sans défiance, ils commencèrent un horrible massacre, pendant lequel Hearne, frémissant de douleur, se tenait à l'écart. Cette petite horde consistait en vingt personnes environ, hommes, femmes et enfans, qui furent tous mis à mort de la manière la plus atroce et la plus barbare.

Une autre petite tribu d'Esquimaux échappa à la fureur brutale des Indiens; mais ceux-ci jetèrent toutes leurs tentes dans la rivière, détruisirent une grande quantité de saumon sec et d'autres provisions, brisèrent toutes les marmites de pierre ; en un mot firent tout ce qu'ils purent pour ne laisser aucune ressource à ces malheureux qui de loin regardaient tristement la perte immense, peut-être irréparable, qu'ils avaient faite.

Après ce nouvel acte de scélératesse, « nous nous assîmes, dit Hearne, et fîmes un bon repas de saumon frais. Il ajoute : Il était alors environ cinq heures du matin, et je voyais alors la mer qui s'étendait du nord-ouest-quart-ouest au nord-est, à environ huit milles de distance. Je commençai aussitôt l'examen de la rivière, et je la descendis jusqu'à son embouchure. Je la trouvai si remplie de bancs de sable et de cataractes, qu'elle n'était pas navigable, même pour une chaloupe, et elle passait sur une barre pour se jeter dans la mer. » La marée avait baissé; mais il jugea, d'après les marques qu'il aperçut sur le bord de la glace, qu'elle s'élevait à douze ou quatorze pieds de mer basse ; l'eau de la rivière était parfaitement douce ; mais il ajoute : « Je suis certain que c'est la mer ou quelque branche de la mer que j'ai vue, à cause du grand nombre de fanons, de baleines et de peaux de phoques que les Esquimaux avaient dans leurs tentes, et aussi à cause de la quantité de ces derniers animaux que je vis sur la glace. » Il observe en outre qu'à l'embouchure de la rivière, la mer est remplie d'îles et de bas-fonds, aussi loin qu'il pût distinguer avec le secours d'un bon télescope. Il alla ensuite reconnaître la mine de cuivre située à trente milles dans le sud-sud-est de l'embouchure du fleuve, et poursuivit sa route au sud-sud-ouest. Enfin, le 30 juin 1772, il rentra au fort, après une absence de dix-huit mois et vingt-trois jours. L'année suivante, la compagnie lui écrivit une lettre de félicitation, qu'elle accompagna d'une gratification. En 1775, il fut nommé gouverneur du fort, revint en Angleterre en 1787, et mourut en 1792 (1).

Quelques personnes doutent que Hearne

(1) Sa relation est intitulée : *Voyage depuis le fort du prince de Galles dans la baie d'Hudson jusqu'à l'Océan nord.* — Londres, 1795, in-4.°, avec cartes et figures, traduit en français. Paris, an 5, 1 vol. in-4.° ou 2 vol. in-8.°, avec cartes et figures.

soit arrivé jusqu'à la mer, parce qu'il rapporte que l'eau, à l'embouchure de la rivière, était parfaitement douce de marée basse, ce qui ne peut être, puisque la marée s'élevait jusqu'à quatorze pieds. On pouvait s'attendre qu'après avoir fait un trajet aussi long et aussi hasardeux, Hearne aurait pris toutes les mesures possibles pour s'assurer, de la manière la plus positive et la plus certaine, s'il était réellement parvenu sur la côte du nord de l'Amérique septentrionale et sur les bords de la mer Hyperboréenne. Si la marée était basse dans la matinée du 17, elle dut monter vers le milieu du même jour; et comme Hearne ne quitta que dans la matinée du 18 le bord de la rivière, ou la côte de ce qu'il regardait comme la mer, et que par conséquent il s'y trouva pendant le flux et le reflux de deux marées distinctes, il est assurément assez difficile d'expliquer pourquoi il jugea simplement, d'après les marques qu'il vit sur la glace, que la marée montait de quatorze pieds ; et il ne l'est pas moins de comprendre comment l'eau, à l'embouchure d'une rivière dans laquelle la marée s'élève à quatorze pieds, pouvait être *parfaitement douce*.

Ce qu'il dit par rapport à la latitude de l'embouchure de la rivière de la mine de cuivre n'est pas plus satisfaisant. Il nous apprend qu'il survint un brouillard épais et une petite pluie fine, et que, « voyant que ni la rivière ni la mer ne pouvaient être d'aucune utilité, il n'avait pas cru que *ce fût la peine* d'attendre le beau temps pour déterminer exactement la latitude par l'observation. » Quel était donc le but de son voyage? pourrait-on lui demander. Il nous dit, et nous voyons, d'après ses instructions, qu'il fut chargé de l'entreprendre, parce qu'il savait déterminer la latitude ; et cependant, pendant ce long et intéressant voyage de douze à treize cent milles en allant, et autant en revenant, il ne fait qu'*une seule* observation pour la déterminer; ce qui est d'autant plus inexplicable que, d'après une remarque qu'il fait lui-même, il a dû manquer rarement d'occasions de déterminer ce point essentiel sans lequel la véritable géographie de cette partie du continent doit toujours rester douteuse. Sa remarque est que, « dans ces latitudes élevées, et dans cette saison, le soleil est toujours à une bonne hauteur au-dessus de l'horizon; de sorte que, non seulement il faisait clair pendant toute la nuit, mais que le soleil brillait alors comme en plein jour. » Il dit ensuite qu'on peut regarder comme exacte la latitude de l'embouchure de la rivière, quoiqu'il ne dise pas dans le texte quelle était cette latitude; nous la retrouvons seulement sur la carte, d'après laquelle elle paraîtrait être environ 73° 30′. Or, en évaluant, par comparaison, la distance qu'il parcourut après avoir quitté Conghecathâhatchaga, où il fit son unique observation qui lui donna 68° 46′, et en calculant par les directions et par les distances la différence de latitude entre cet endroit et l'embouchure de la rivière, cette différence ne paraîtrait pas excéder *trois* degrés; de sorte que cette latitude qui, dit Hearne, « peut être regardée comme exacte, » et qui, sur la carte, est 73° 30′, doit plutôt être prise à 71° 54′. Le docteur Douglas, qui eut entre les mains le journal manuscrit long-temps avant qu'il fût publié, dit que la latitude de l'embouchure de la rivière est 72°; mais Dalrymple, après avoir soigneusement comparé les distances d'Hearne et la direction qu'il suivit, avec les cartes dressées par les habitans du Canada et avec les autres renseignemens qu'il put se procurer; enfin, après lui, M. Arrowsmith et d'autres géographes se sont accordés à réduire la latitude de Hearne à 69°, qui est à peu près celle de la côte que Mackenzie vit ensuite plus à l'ouest, et qu'il supposa être celle de la mer.

On peut révoquer en doute, sous beaucoup de rapports, l'exactitude de la relation de Hearne. Par exemple, le soleil ne pouvait pas être toujours à une bonne hauteur au-dessus de l'horizon, sous la latitude de 69°, surtout à l'époque où il s'y trouvait; car sa déclinaison, le 18 juillet, étant d'environ vingt degrés nord, le soleil ne pouvait être, au milieu de la nuit du 18, que juste à l'horizon. Mais, dans la partie de son journal où se trouvent les expressions rapportées plus haut et citées par le docteur Douglas, il n'est aucunement question du soleil qui brillait toute la nuit. Quoi qu'il en soit, le voyage de Hearne prouva la possibilité de parvenir à la côte septentrionale de l'Amérique, et il est à regretter que la compagnie de la baie d'Hudson n'ait jamais fait de nouvelles tentatives de ce côté.

CHAPITRE V.

CONSTANTIN JEAN PHIPPS. 1773.

But du voyage.—Arrivée à la hauteur du Spitzberg.—Montagnes de glace. — Les vaisseaux en sont entourés. — Un coup de vent les en dégage. —Barrière de glace.—Retour en Angleterre.

Daines-Barrington ayant présenté à la Société royale une série de mémoires sur la possibilité d'approcher du pôle arctique, le président et le conseil de cette société formèrent la résolution de s'adresser au comte de Sandwich, alors premier lord de l'amirauté, afin d'obtenir la sanction du roi pour envoyer une expédition chargée de reconnaître jusqu'où la mer était navigable vers le pôle arctique. Le roi ordonna d'entreprendre sur-le-champ cette expédition, et d'accorder tous les encouragemens nécessaires et tous les secours qui pouvaient en assurer le succès.

Deux bombardes, le *Racehorse* et la *Carcasse*, furent choisies comme les bâtimens les plus forts : la première avait quatre-vingt-dix hommes d'équipage, et la seconde quatre-vingts, avec un nombre additionnel d'officiers. Le commandement de l'expédition fut donné au capitaine Constantin Jean Phipps, depuis lord Mulgrave, qui monta le Racehorse; le capitaine Skeffington-Lutwidge commanda la Carcasse. Deux maîtres d'équipages, au fait de la navigation du Groënland, furent employés en qualité de pilotes. Israël Lyons, recommandé par le bureau de longitude, accompagna cette expédition intéressante en qualité d'astronome, et les bâtimens furent munis d'instrumens de différens genres, les meilleurs qui fussent alors connus.

Les deux bâtimens partirent du Nore le 4 juin 1773. Le 27, ils firent à minuit une observation qui détermina la latitude à 74° 26', et, dans la soirée du même jour, ils arrivèrent dans le parallèle de la partie méridionale du Spitzberg avec bon vent, sans qu'il y eût aucune apparence de glace et sans apercevoir de terre. Le lendemain on vit un morceau de bois de sapin flottant, qui n'était pas rongé par les vers; on eut connaissance de la terre. Le 29, on la longea de près; elle etait formée de grands rochers noirs, hauts et stériles, sans la moindre marque de végétation; ils étaient nus et pointus en plusieurs endroits, et, en d'autres, couvets de neige qu'on apercevait même au-dessus des nuages. Les vallées, qui les séparaient, étaient remplies de neige ou de glace: cet aspect aurait fait penser que l'hiver était perpétuel dans ce climat, si la douceur de l'air, le calme et la limpidité de la mer, l'éclat du soleil et un jour continuel, n'avaient présenté sous une face agréable et nouvelle cette scène imposante et pittoresque (1). La latitude observée ce jour-là fut de 77° 59′ 11″.

Le 2 juillet, les Anglais mesurèrent une

(1) *Voyage au pôle boréal*, pag. 27.

montagne qui avait plus de 750 toises de hauteur. Le temps continuait à être superbe; à minuit, la latitude fut 78° 23′, et l'inclinaison de l'aiguille magnétique 80° 45′. Le 4, la latitude de Magdeleine Hoek fut déterminée à 79° 34′, observation qui correspond exactement avec celle que Fotherby fit en 1614. Le 5., ils rencontrèrent les glaces qui formaient une masse continue, ils la côtoyèrent pour s'assurer si elle touchait au Spitzberg, ou si elle en était détachée de manière à laisser un passage vers l'est; mais les pilotes et les officiers jugèrent qu'il n'était pas possible d'aller plus loin dans cette direction, et prévirent que les deux bâtimens seraient bientôt assiégés par d'énormes glaçons, parce que c'était à peu près l'endroit où la plupart des navigateurs avaient été arrêtés. Après bien des difficultés, on parvint à se frayer une route au nord-ouest, à travers les parties les moins compactes de la glace. Le gonflement des vagues et l'épaisseur du brouillard forcèrent de se diriger vers le cap Hakluyt.

Le 9 au matin, on vit que la mer était entièrement glacée à l'ouest. On était alors par 2° 2′ à l'est de Greenwich. Phipps remarque que c'est le point le plus éloigné à l'est du Spitzberg, où ils purent parvenir pendant le voyage. Le même jour, dans la soirée, la latitude était 80° 36′. Ayant suivi le bord de la glace de l'est à l'ouest pendant plus de dix degrés, Phipps commença à être convaincu qu'elle ne formait qu'une masse solide et impénétrable. Il courut donc à l'est, et, le 13, mouilla dans Vogelsang, bonne rade, près d'une pointe remarquable appelée le *Rocher Fourchu* (Cloven Cliff), parce que son sommet ressemble au pied fourchu d'un animal, ressemblance qui a toujours existé, puisqu'il a été nommé ainsi par quelques-uns des premiers navigateurs hollandais qui fréquentèrent ces mers. Ce rocher, entièrement détaché des autres montagnes, et réuni au reste de l'île par un isthme bas et étroit, présente le même aspect de tous les côtés; et, comme il est presque perpendiculaire, sa couleur naturelle n'est jamais cachée par la neige. La latitude de ce rocher est 79° 53′, sa longitude 9° 59′ 30″ est, la variation de la boussole était de 20° 38′ ouest, l'inclinaison de 82° 7′.

Le thermomètre différait très-peu à midi et à minuit ; à midi il marquait 58°½ (11° 99), et à minuit 51° (8° 44) le 16, par un temps superbe, le thermomètre qui, à l'ombre, était à 49° (7° 55), monta, en peu de minutes, à 89°½ (25° 97) lorsqu'il fut exposé au soleil, et resta à ce degré pendant quelque temps, jusqu'à ce qu'une petite brise qui s'éleva le fit retomber de 10° (7° 77) presque à l'instant.

Le 18, les bâtimens se dirigèrent de nouveau à l'est, le long de la glace ; mais ils furent arrêtés, pour la troisième fois, presque au même endroit, par la glace qui bloquait en quelque sorte la terre, sans qu'il y eût aucun passage au nord ou à l'est. Il y avait cependant de petites ouvertures dans l'une desquelles ils allèrent jusqu'à 80° 34′. Pour la quatrième fois, Phipps fit une tentative pour s'avancer à l'est ; il doubla l'île Moffen ; et, en naviguant au nord au milieu des glaçons détachés, il se trouva, le 27, à

80° 48′; il fut alors arrêté par la grande masse de glace qui se prolongeait à peu près en ligne droite de l'est à l'ouest. A minuit, la latitude observée était de 80° 37′; et, le lendemain, lorsqu'il était en vue des *Sept Iles*, la longitude était 15° 16′ 45″ est.

Quelques officiers abordèrent, en canot, dans une petite île à l'embouchure du détroit du Waigat (1). Ils virent de gros sapins couchés sur la côte, à seize ou dix-huit pieds au-dessus du niveau de la mer; quelques-uns de ces arbres avaient soixante-dix pieds de long et avaient été déracinés, d'autres coupés à la hache et entaillés à douze pieds de distance en distance; le bois n'était aucunement gâté, et les coups de hache n'étaient nullement effacés. Il y avait aussi quelques douves de tonneaux et des poutres équarries. La grève était composée de vieux merrains, de sable et d'os de baleines. Le milieu de l'île était couvert de mousse, de cochléaria, d'oseille et de quel-

---

(1) Ce détroit du Waygat ou Hinlopen sépare les deux grandes îles qui forment le Spitzberg. (T.)

ques renoncules alors en fleurs. On vit deux rennes; on en tua un, il était gras, et sa chair avait beaucoup de saveur. En revenant au bâtiment, les officiers blessèrent un morse qui plongea immédiatement, et reparut bientôt accompagné d'un grand nombre d'autres. Ces animaux se réunirent tous pour attaquer le canot, arrachèrent un aviron des mains d'un des matelots, et ce fut avec beaucoup de peine qu'on parvint à les empêcher de briser ou de faire chavirer le bâtiment.

Le 30 juillet, le temps fut d'une douceur et d'une sérénité extrêmes. « Il est rare, dit Phipps, de voir un ciel aussi clair : la scène qui s'offrait à nos yeux était très-pittoresque; les deux vaisseaux se trouvaient en calme dans une grande baie; on apercevait, entre les îles qui la formaient, trois ouvertures. Tout autour, les glaces s'étendaient à perte de vue avec quelques courans d'eau; pas le moindre souffle d'air; l'eau parfaitement unie, la glace couverte de neige, basse et égale partout, à l'exception d'un petit nombre de morceaux brisés près des bords; les flaques d'eau que l'on découvrait au milieu de ces gros morceaux de glace étaient recouverts aussi d'une glace plus récente. »

Les bâtimens se trouvaient alors pris par les glaces; les pilotes qui, dans aucun de leurs précédens voyages, n'étaient jamais allés aussi loin au nord, voyant la saison s'avancer, commencèrent à concevoir de vives alarmes. Le 1er. août, la glace s'accumula de plus en plus autour des bâtimens, il ne restait pas alors la plus petite ouverture. La glace était, la veille, unie partout et presque au niveau de la surface de la mer; mais les morceaux s'étaient empilés les uns sur les autres, et formaient, en beaucoup d'endroits, une espèce de montagne plus haute que la grande vergue. A midi, la latitude mesurée par deux observations fut de 80° 37′, la longitude 19° 0′ 15″ est. Le 3, tous les matelots se mirent à l'ouvrage à cinq heures du matin pour couper un passage à travers la glace et touer les deux vaisseaux à l'ouest à travers les petites ouvertures. La glace était très-profonde; on trouva, en la sciant, des morceaux qui avaient douze pieds d'épaisseur. Ce travail dura tout le jour, mais sans aucun succès. Les bâtimens furent entraînés par les courans avec la glace dans un bas-fond où ils n'avaient que quatorze brasses d'eau. Après avoir bien réfléchi, Phipps proposa de quitter les bâtimens et de s'embarquer sur les chaloupes pour se sauver. On les mit dehors tout de suite ainsi que les canots, et l'on prit toutes les précautions possibles pour les renforcer et les rendre plus solides. On traîna les embarcations sur la glace; le vent ayant soufflé faiblement, on mit dehors toutes les voiles; les bâtimens firent peu de chemin, mais on était prêt à forcer le passage si la glace venait à se rompre. Enfin, le 10, le vent souffla du nord nord-est, et mit les bâtimens en état de passer à travers d'énormes glaçons. Ils éprouvèrent plusieurs fois des chocs très-violens. A midi, ils étaient en pleine mer; le 11, ils mouillèrent dans le havre de Smeerenberg ou Fair Haven, près de l'île d'Amsterdam, dont la pointe la plus occidentale est le cap d'Hakluyt.

On voyait dans ce havre, dit Phipps, une des plus remarquables glacières de ce pays. Ces glacières sont de grandes masses de glace qui remplissent les vallées entre les hautes montagnes ; leur surface, du côté de la mer, est presque perpendiculaire et est d'un vert léger, très-brillant. Celle dont je parle ici a environ trois cents pieds d'élévation, il en sortait une cascade d'eau. Les montagnes noires, la blancheur de la neige et la belle couleur de la glace, formaient un tableau très-pittoresque et très-singulier. De grosses masses de glace se détachent souvent des glacières et tombent avec fracas dans la mer; nous en vîmes une que les flots avaient entraînée dans la baie et qui enfonçait de vingt-quatre brasses dans la mer; elle avait cinquante pieds de hauteur au-dessus de la surface de l'eau, et était de la même couleur que les glacières. »

Le 19, Phipps appareilla et remit en mer; comme la saison était alors très-avancée, et que les brouillards et les ouragans allaient être continuels, il se détermina à faire route pour l'Angleterre, où il arriva le 25 septembre. Phipps pense qu'il partit pour son voyage dans une saison très-avantageuse, et que le temps lui fut très-favorable, puisqu'il put reconnaître, à plusieurs reprises, la situation de ce mur de glace qui se prolonge sur plus de 20° de longitude entre 80° et 81° de latitude, sans que sur toute cette étendue il y ait la moindre ouverture (1). Il est néanmoins probable qu'il se passe peu d'années durant lesquelles il ne s'ouvre plusieurs passages dans le mur de glace qui s'étend ordinairement entre la côte orientale du Groënland et la partie la plus septentrionale du Sptitzberg, et que par conséquent l'été pendant lequel le capitaine Phipps entreprit son voyage au nord fut singulièrement défavorable.

(1) *Voyage au pôle boréal*, fait par ordre du roi en 1773.—Londres, 1774, 1 vol. in.4°., avec cartes et figures. Traduit en Français. Paris, 1775; 1 vol. in-4°., avec cartes et figures.

CHAPITRE VI.

JACQUES COOK et CHARLES CLERKE.
1776 à 1779.

Récompense promise à tout vaisseau qui trouverait un passage au nord, ou avancerait jusqu'à un degré du pôle. — Départ de Cook.—Cap du Prince de Galles. —Tschoutskis.—Cap Mulgrave. — Cap Glacé.—Mort de Cook.—Efforts inutiles de Clerke pour pénétrer plus avant au nord.—Retour en Angleterre.

Le peu de succès du voyage de Phipps ne fit pas renoncer à l'espoir de trouver par le nord un passage navigable entre les océans Pacifique et Atlantique. On résolut en conséquence de faire une nouvelle tentative, et le capitaine Cook, qui avait fait deux fois le tour du monde, fut nommé commandant de cette expédition. On s'écarta cette fois du plan qu'on avait suivi jusqu'alors pour les découvertes; et, au lieu de chercher à passer de l'Océan atlantique dans le grand Océan, on résolut de suivre une marche toute opposée, et d'essayer de passer du grand Océan dans l'Océan atlantique. Les deux vaisseaux armés pour cette expédition furent la *Résolution* et la *Découverte*; le premier commandé par Cook, l'autre par le capitaine Clerke.

On a déjà vu que, par un acte du règne de George II, une récompense de 20,000 liv. sterling avait été promise à tout bâtiment appartenant à un sujet du roi de la Grande-Bretagne qui effectuerait le passage; mais cet acte ne s'appliquait pas aux vaisseaux du roi; de plus, pour avoir droit à la récompense, il fallait découvrir le passage par la baie d'Hudson. On fit à cette occasion subir plusieurs modifications à cet acte, qui fut conçu de manière à étendre la récompense aux vaisseaux du roi, et à la découverte d'un passage quelconque par mer effectuée entre les océans Atlantique et Pacifique. Le même acte accorda aussi une somme de 5000 livres sterling à tout vaisseau qui approcherait du pôle arctique jusqu'à la distance d'un degré.

Le 12 juillet 1776, la *Résolution* partit de Plymouth, la *Découverte* la rejoignit au cap de Bonne-Espérance. Après avoir fait différentes découvertes dans l'hémisphère méridional, dans la mer Pacifique et sur les côtes du nord de l'Asie et de l'Amérique, découvertes qui sont connues de toute l'Europe, les deux vaisseaux entrèrent dans le détroit de Behring le 9 août 1779, et mouillèrent près d'une pointe à laquelle Cook donna le nom de *cap du Prince de Galles*. Il reconnut ensuite que c'était l'extrémité occidentale du continent de l'Amérique. Elle est située par 65° 46′ de latitude nord, et 19° 45′ de longitude. Il vit, sur cette partie de la côte, quelques élévations qui semblaient être des cabanes, et crut aussi apercevoir des habitans.

De là, Cook fit route à l'ouest, et entra dans une baie située sur la côte orientale de l'Asie, et à l'entrée de laquelle il y avait un village et quelques habitans. En débarquant on les vit, au nombre de trente ou quarante, rangés sur une éminence, et armés de lances, d'arcs et de flèches. On s'approcha d'eux; alors il y en eut trois qui descendirent sur le rivage, ôtèrent leurs bonnets et firent de profonds saluts : on sut qu'ils s'appelaient Tschoutskis. Il se fit un échange de présens. Cook reçut deux peaux de renard et deux dents de morse. Ces hommes montraient néanmoins de la crainte et de la défiance, se tenant toujours en posture de faire usage de leurs lances. Ils échangèrent leurs flèches contre des bagatelles; mais rien ne put les engager à céder une lance ou un arc. Toutes leurs armes étaient faites avec beaucoup d'adresse, et leurs carquois étaient surtout fort beaux. Ils étaient de peau rouge, couverts de jolies broderies et d'autres ornemens. Les Tschoutskis différaient entièrement, par les traits et la taille, des habitans de la côte nord-ouest de l'Amérique, ceux-ci étant très-petits, ayant la figure ronde et la pommette des joues extrêmement saillante, tandis que les Tschoutskis ont la figure ovale, sont forts et bien faits. Ils avaient les oreilles percées; plusieurs y portaient des pendans en grains de verre; mais aucun n'avait la bouche percée, comme les Américains, pour y admettre des ornemens. Ils avaient un grand nombre de chiens qu'ils employaient sans doute pour tirer leurs traîneaux, car on vit quelques-unes de ces voitures dans une hutte; mais Cook présuma que ces animaux servaient aussi à la nourriture des Ttchoutskis, parce qu'il y en avait plusieurs étendus qui avaient été tués le matin même.

De cette baie, Cook se dirigea au nord-est, et il rencontra de nouveau la côte occidentale de l'Amérique. La largeur du détroit, dans la partie la plus étroite, était d'environ quatorze lieues. Il aperçut, au nord du cap du Prince de Galles, un autre cap par 67° 45′ de latitude et 194° 51′ de longitude. Il le nomma cap Mulgrave. Il n'y avait point de glace le long de la côte, mais elle paraissait entièrement dépourvue de bois.

Le 17 août, par 70° 41′ de latitude, Cook

se trouva arrêté par la glace qui s'étendait de l'est-quart-est nord à l'ouest-quart-sud-ouest et à travers laquelle il était impossible de se frayer un passage; la glace était aussi solide qu'un mur, et avait au moins dix à douze pieds de hauteur; au nord, elle paraissait être encore beaucoup plus haute. Le temps s'étant éclairci, il reconnut que l'extrémité de la terre à l'est, ou l'Amérique, formait une pointe que la glace cernait de tous côtés; il la nomma, pour cette raison, *Icy-Cape* (*le cap Glacé*); elle était située par 70° 29′ de latitude et 198° 20′ de longitude.

Comme les glaces semblaient dériver vers les bâtimens, qui auraient pu se trouver pris entre elle et la côte américaine, Cook vira de bord au sud jusqu'à ce qu'il eût retrouvé la mer libre, et ensuite fit route au nord; il trouva, de ce côté-là, la glace moins compacte; elle était couverte de troupeaux de morses; on en tua plusieurs, et on en trouva la chair assez bonne. Le temps devenant brumeux, Cook jugea qu'il était prudent de retourner au sud; et le 21 étant par 69° 32′ de latitude, il vit, à peu de distance, la grande masse de glace; ainsi elle couvrait alors une partie de la mer qui, quelques jours auparavant, était encore libre, et elle s'étendait plus loin au sud que lorsqu'il l'avait vue la première fois; mais il ne présuma pas qu'aucune partie fût fixe, et regarda, au contraire, la masse entière comme mobile.

Il se dirigea vers la côte d'Amérique qui s'étendait du sud-ouest à l'est et dont la partie la plus proche était à quatre ou cinq lieues de distance. Il nomma *cap Lisburne* l'extrémité méridionale située par 68° 5′ de latitude et 194° 42′ de longitude. Voyant qu'il ne pouvait avancer au nord en rangeant la côte de près à cause de la glace, il s'en éloigna. En allant à l'ouest, il trouva que la profondeur de la mer augmenta graduellement jusqu'à vingt-huit brasses, et ne fut jamais plus considérable. Le 26, il vit de nouveau la masse de glace qui paraissait être épaisse et compacte, et s'étendait du nord-ouest à l'est-quart-nord-est. La latitude était alors 69° 36′ et la longitude 184°.

Le 27, se trouvant tout contre cette masse de glace, Cook se mit dans une chaloupe pour l'examiner. Elle consistait en glaçons détachés, si rapprochés les uns des autres, que la chaloupe pouvait à peine passer au travers. La glace était pure et transparente, à l'exception de la surface qui étoit un peu poreuse; elle paraissait composée de neige gelée, et s'être formée entièrement en mer. Les glaçons avaient depuis douze et quinze pieds jusqu'à cent vingt à cent trente pieds d'étendue; les plus gros semblaient s'enfoncer de trente pieds et plus sous la surface de l'eau. Cook ne regarda pas comme probable que tant de glace pût s'être formée dans le cours de l'hiver précédent, et jugea aussi qu'il n'était pas possible que le reste de l'été vînt à bout de détruire la dixième partie de ce qui subsistait encore de la masse. Il pense que le soleil contribue très-peu à la dissolution de ces masses énormes, mais que le vent ou plutôt les vagues soulevées par le vent les détruisent en les froissant l'une contre l'autre, et en balayant les parties qui sont exposées à la houle. Davis avait eu la même idée près de deux cents ans auparavant.

Le 29, les vaisseaux eurent connaissance du continent de l'Asie; les terres, comme à la côte de l'Amérique, étaient basses au bord de la mer et s'élevaient en amphithéâtre. Elles étaient dépourvues de bois; on n'y voyait pas de neige. Cook donna le nom de *cape North* (cap septentrional) à une pointe escarpée et rocailleuse, située par 68° 56′ de latitude, et 180° 51′ de longitude. Ne découvrant pas de terre au nord de ce cap, il en conclut que la côte, dans cet endroit, commençait à courir à l'ouest. La saison était alors si avancée, et le temps où commencent ordinairement les gelées si proche, que Cook ne crut pas qu'il fût prudent de faire cette année aucune autre tentative pour trouver un passage dans l'Atlantique avec aussi peu d'espoir de succès. En conséquence, le 30 août, il retourna au sud, côtoyant l'Asie depuis le *cap Serdze*

Kamen de Muller, ainsi appelé, parce qu'il est surmonté d'un rocher en forme de cœur, doubla le cap oriental, passa devant l'entrée de la baie de Saint-Laurent et le Tschoukotskoi-Noss ou cap Tschoutski, d'où il gagna la baie de Norton, sur la côte de l'Amérique, et enfin les îles Sandwich, où ce célèbre navigateur perdit la vie.

Le capitaine Clerke devint alors le commandant de l'expédition, et le lieutenant Gore prit le commandement de la *Découverte*. Le 15 mars 1779, ils quittèrent les îles Sandwich, et se dirigèrent au nord par le Kamtschatka, pour poursuivre la découverte d'un passage dans l'Océan atlantique. Le 3 juillet, ils eurent connaissance du Tschoukotskoi-Noss; et, le 5, ils virent le cap Oriental couvert de neige et entouré de glace. Le même soir, à dix heures, ils virent en même temps le rocher remarquable qui s'élève en pointe près du cap du Prince de Galles, sur la côte de l'Amérique, et le cap Oriental, sur celle de l'Asie, ainsi que les deux îles de Saint-Diomède au milieu. Le lendemain, ils rencontrèrent une masse énorme de glace, qui paraît leur avoir fait présager une issue malheureuse pour leur voyage : elle présentait une surface solide et compacte, et paraissait tenir à la côte d'Amérique.

Le 8 juillet, les bâtimens étant par 69° 21′ de longitude, et 192° 42′ de longitude ouest, tout près des glaces, le temps fut excessivement froid : il tomba beaucoup de neige. Le thermomètre de Fahrenheit était, dans la nuit, à 28° (-1°,78 R.); et, à midi, à 30′ (-0,89). Ayant côtoyé la glace pendant quarante lieues, dans la direction de l'ouest, sans voir aucune ouverture, et sans qu'au-delà, au nord, la mer parût libre, Clerke résolut de retourner au sud, et d'examiner la baie de Saint-Laurent, jusqu'à ce que la saison fût plus avancée. Il trouva cependant tant de glaces au sud, tandis que la mer semblait libre du côté du nord, qu'il fit aussitôt route dans cette direction. Mais, le 13, il se trouva arrêté par une plaine de glace solide, dont on ne pouvait voir la fin du haut du grand mât. La latitude était 69° 37′. Les vaisseaux se trouvaient alors à peu près à mi-canal entre les deux continens; la glace s'étendait de l'est-nord-est à l'ouest-sud-ouest.

Les bâtimens se dirigèrent vers la côte de l'Amérique, le long de la plaine de glace; et, le 18, étaient par 70° 26' de latitude, et 194° 54' de longitude. Le lendemain, ils se trouvèrent si complétement cernés par d'énormes glaçons, qu'il ne restait qu'une seule ouverture au sud, par laquelle ils sortirent. Ce fut le point le plus éloigné auquel ils parvinrent, étant alors par 70° 33' de latitude, c'est-à-dire cinq lieues au-dessous du point où le capitaine Cook était arrivé l'année précédente. Le 21, ils virent la côte de l'Amérique à la distance de huit ou dix lieues, et firent route de ce côté; mais ils furent de nouveau arrêtés par la glace, et obligés d'aller à l'ouest. « Ainsi, remarque le capitaine King, auteur de la relation de ce voyage, une plaine de glace solide et compacte rendant inutiles tous les efforts que nous pouvions faire pour nous approcher de la terre à laquelle elle paraissait attachée, il fallut dire un dernier adieu à l'espoir de trouver un passage au nord-est pour retourner en Angleterre. »

Les vaisseaux firent ensuite route à l'est; le 27, ils virent le continent de l'Asie, et, au-delà, de grandes plaines de glace. La *Découverte* avait essuyé de telles avaries, qu'il fallait au moins trois semaines pour la radouber, ce qui forçait d'aller relâcher dans quelque port. On ne pouvait avancer vers le nord ; des masses de glaces qui entouraient les deux continens les rendaient inabordables. Les deux capitaines jugèrent en conséquence qu'il était inutile de faire de nouvelles tentatives pour trouver un passage ; ils résolurent de ne pas perdre plus de temps à une recherche qui, dans l'opinion de Clerke, n'aboutirait à rien, et de faire route pour la baie d'Awatska, afin d'y réparer leurs avaries.

« Je ne chercherai pas, dit King, à cacher la joie qui brilla sur toutes les figures, dès que la résolution du capitaine Clerke fut annoncée à l'équipage. Nous étions tous fatigués d'une navigation remplie de dangers, et dans laquelle la plus grande persévérance n'avait pas été récompensée par la moindre probabilité de succès. Nous tournâmes donc les yeux vers notre patrie, après une absence de trois ans, avec un plaisir et une satisfaction qui, malgré le voyage ennuyeux que nous avions encore à faire, et la distance immense qui nous restait à parcourir, étaient aussi vifs et aussi complets que si nous eussions déjà été en vue de Landsend.

CHAPITRE VII.

RICHARD PICKERSGILL. 1776.

Motifs du voyage. — Anse des Mosquites. —Glaces du Groënland.—Voyage sans résultat.

Pour faciliter le succès de l'expédition de Cook, dans le cas où il pénétrerait jusqu'à la baie de Baffin, le lieutenant Pickersgill reçut l'ordre d'aller dans le détroit de Davis sur le *Lion*, brig de guerre pour protéger les Anglais occupés à la pêche de la baleine, ensuite remonter le détroit jusqu'à la baie de Baffin et en reconnaître les côtes. Il lui était recommandé de la quitter à temps pour assurer son retour en Angleterre avant la fin de l'année, et d'employer Lane, son second, à examiner le pays, à dresser des cartes, et à lever des vues des différentes baies, havres, etc.; enfin à faire toutes les observations qui pouvaient être utiles à la géographie et à la navigation (1). Il n'entrait pas dans les instructions de Pickersgill de tenter le passage. Le but du voyage, en l'envoyant dans la baie de Baffin, était uniquement d'obtenir les renseignemens qui pouvaient être utiles aux vaisseaux qu'on se proposait d'envoyer l'année suivante à la recherche du capitaine Cook, vers l'époque où l'on pouvait supposer qu'il approcherait de la côte orientale de l'Amérique, si son entreprise était couronnée de succès.

Le 25 mai 1776, Pickersgill partit de Deptford; le 29 juin, il jeta la sonde sur un banc, à trois cent vingt ou trois cent trente brasses de profondeur, par 57° de latitude nord, et 24° 24' de longitude ouest. Il supposa que c'étaient les restes de l'île Buss, vue par un des vaisseaux de la flotte de Frobisher; le 7 juillet, il eut connaissance du cap Farewell, près duquel il se trouva arrêté le lendemain, au milieu d'une plaine de glace.

(1) Instructions manuscrites, 14 mai 1776.

On y voyait plusieurs îles de glaces, sur l'une desquelles il y avait de la terre épaisse de plusieurs pieds, et des quartiers de rochers dont chacun paraissait peser plusieurs quintaux. De ses flancs coulaient des ruisseaux d'eau douce. Cette masse se dirigeait au sud : la mer étant parfaitement unie au milieu des glaces, fournit à Pickersgill l'occasion de faire plusieurs observations. La variation de l'aiguille magnétique était de 41° 31′ à l'ouest, et l'inclinaison de 79° 30′ ; la latitude 60° 1′ nord, et la longitude, par observation du soleil et de la lune, 46° 36′ ouest ; d'après ces observations, et la distance à laquelle il se trouvait du cap Farewell, il place ce promontoire, par 59° 32′ de latitude nord, et 44° 10′ de longitude à l'ouest de Greenwich.

Pickersgill, en faisant route au nord, paraît avoir côtoyé le rivage d'aussi près que la glace et les rochers le permettaient. Le 13, il aperçut les étonnantes glaces du Groënland. « C'est, dit-il, une plaine de glace solide, d'une hauteur prodigieuse qui traverse le prétendu détroit de Frobisher, et qui est aussi élevée que les montagnes; elle présente l'aspect le plus pittoresque que l'on puisse s'imaginer, quoique le reflet ne soit pas aussi brillant que j'aurais été tenté de le supposer d'après la description qu'on en a faite. »

Continuant toujours à côtoyer le rivage à quatre lieues de distance, au milieu des rochers, des îles, des bancs de sable et de la glace, Pickersgill mouilla dans un endroit qu'il nomma l'*Anse des Mosquites*, à cause du grand nombre de ces insectes; il suppose qu'ils proviennent des étangs que l'eau de neige forme au milieu des rochers. Cette anse est par 64° 56′ 20″ nord, et 51° 53′ 30″ de longitude ouest; l'inclinaison de l'aiguille était de 81° 22′ 30″, et la variation 50° 30′ ouest. Pickersgill communiqua en cet endroit avec les habitans du pays qu'il décrit comme polis, honnêtes, mais défians.

En continuant à faire route au nord, Pickersgill trouva la mer ouverte jusqu'à la hauteur du cap *God's Mercy*, de Davis; il y vit une immense plaine de glace, le long de laquelle il naviguea pendant plus de cinquante milles. Le 3 août, étant par 65° 37′ de latitude, il s'aperçut qu'il n'avait pas suivi, dans la navigation du détroit de Davis la marche qui convenait. Il n'avait jusqu'alors jamais fait plus de douze milles par jour, parce qu'il avait rangé la terre de trop près. Ce jour-là, au contraire, il marcha beaucoup plus vîte, parce qu'il voguait au milieu du détroit.

Il fit ce jour-là soixante-dix-sept milles, et atteignit 66° 53′ de latitude.—Mais bientôt le grand nombre d'îles de glace qu'il apercevait à mesure qu'il avançait, l'impétuosité du vent, une forte houle qui venait du sud, les nuits qui devenaient obscures de très-bonne heure, la saison qui s'avançait, les maladies qui se déclarèrent parmi l'équipage ; enfin, le manque de tout ce qui était nécessaire pour hiverner, si l'on était surpris par la glace, firent penser à Pickersgill qu'il était urgent de songer au retour.

Il alla cependant jusqu'à 68° 10′, et alors fit route au sud ; mais il continua à naviguer le long de la côte, au milieu des rochers, des îles et des plaines de glaces, de sorte qu'il n'arriva au cap Farewell que le 24 août. Le 4 septembre, il entra dans le havre de Porcupine, sur la côte du Labrador. Il y resta jusqu'au 27, puis revint en Angleterre. On fut très-mécontent de sa conduite, et le commandement du *Lion* fut donné à un autre officier.

CHAPITRE VIII.

WALTER YOUNG. 1777.

Sécheresse de la relation de ce voyage.

L<small>E</small> *Lion* fut équipé de nouveau, et mis sous le commandement du lieutenant W<small>ALTER</small> Y<small>OUNG</small>. Il partit du Nore le 23 mars 1777, et doubla le cap Farewell le 3 juin. Pendant plusieurs jours le temps fut orageux, il tomba beaucoup de neige et de grêle; la mer était couverte de glaces flottantes. Enfin, le 28 mai, Young entra dans le havre de Lichtenfels. Le 24, il leva l'ancre et fit route au nord, au milieu de glaces énormes. Le froid était si excessif, que les voiles, les cordages et les agrès n'étaient qu'une masse de glace. L'île de Disco était alors en vue. Dans cet endroit, la glace semblait se diviser en deux plaines immenses, laissant au milieu un canal ouvert, large de huit à dix milles, et dans lequel on voyait un grand nombre d'îles de glaces flottantes.

Le 28 juin, on eut connaissance des *Iles des Femmes*, par 72° 43′ de latitude au nord; la plaine de glace de l'est se rapprochait graduellement de celle de l'ouest, et le canal devint si étroit, que Young jugea prudent de virer de bord, et de faire route au sud. Il ne trouva pas de fond à cent brasses. Les îles de glaces flottantes étaient immenses et innombrables; il tomba beaucoup de neige. Le thermomètre était à 30° (0,89) et à 32° (0); le 10, il monta à 38° (2°,66) et à 39° (3°,11). On vit plusieurs bâtimens pêcheurs vers 71° 16′ de latitude. Le temps devint alors très-beau; le thermomètre était à 40° (3°,55) et à 43° (4°,88); une chaîne de grandes îles s'étendait depuis la côte jusqu'à la plaine de glace à l'ouest, sans qu'il y eût plus d'un quart de mille entre chacune d'elles.

Le beau temps, pendant lequel le thermomètre monta souvent à 44 et 45°, et une fois à 49°, dura jusqu'à la fin de juin. Le *Lion* était, à cette époque, redescendu à 63° 30′;

le 4 juillet, il était entièrement sorti du détroit, et à l'ouest du cap Farewell; le 26 août, il arriva dans la Tamise (1).

Par ses instructions, Young était chargé de se diriger vers la baie de Baffin, de faire son possible pour en reconnaître les côtes occidentales, et pour découvrir s'il s'y trouvait quelques rivières considérables qui rendissent probable l'existence d'un passage dans la mer Pacifique, et, dans ce cas, de tenter ce passage (2); mais il paraît que Young ne se conforma sous aucun rapport à ces instructions, et qu'il n'essaya même pas d'entrer dans la baie de Baffin.

Une circonstance de ce voyage mérite d'être remarquée, par le contraste qu'elle présente avec celui de Pickersgill. En évitant les îles et les bas-fonds qui bordent la côte occidentale du Groënland, Young arriva dès le 8 juin à 72° 42' de latitude nord; tandis que, le 5 août, Pickersgill n'était encore qu'à 68° 10'.

(1) Journal manuscrit du lieutenant Young.
(2) Instructions manuscrites.

« Il était naturel d'espérer, dit le docteur Douglas, que l'un ou l'autre de ces voyages du *Lion*, sinon tous les deux, auraient fourni quelque observation ou quelque découverte qui aurait pu nous éclairer sur la possibilité de trouver un passage de ce côté de l'Amérique. Mais, malheureusement, l'exécution ne répondit pas à l'attente que l'on avait conçue. Pickersgill, qui avait acquis beaucoup d'expérience en servant sous le capitaine Cook, mérita des reproches, et en reçut pour sa conduite dans le commandement qui lui fut confié ; et les talens d'Young, comme on le vit par la suite (1), étaient plus propres à contribuer à la gloire d'une victoire, comme commandant d'un vaisseau de guerre, qu'à enrichir la géographie de nouvelles découvertes, en affrontant des montagnes de glace et en examinant des côtes inconnues (2). »

(1) Il mourut dans les Indes occidentales, étant capitaine du Sandwich, portant le pavillon de sir George Rodney, en mai 1781.

(2) Introduction au dernier voyage de Cook.

CHAPITRE IX.

Le capitaine (aujourd'hui amiral) LÖWENÖRN,
le lieutenant EGÈDE et le lieutenant ROTHÉ.
1786 et 1787.

Tentatives pour découvrir la côte orientale du Groënland. — Variation de la boussole en Islande. — Phénomène ressemblant à une aurore boréale. — Baie formée par les glaces. — Vue du Groënland oriental. — Impossibilité d'en approcher. — Retour de Löwenörn en Danemarck. — Egède reste en Islande. — Tentatives réitérées et inutiles pour aborder en Groënland.

Le roi de Danemarck, à la recommandation de l'évêque Egède, fils de Hans Egède, fondateur des missions du Groënland, prépara une expédition en 1786 pour chercher la côte orientale du Groënland. Le commandement en fut confié au capitaine Löwenörn. Egède, qui, dans son enfance, avait accompagné son père au Groënland, était persuadé que la colonie, perdue depuis si long-temps sur la côte orientale de ce pays, existait encore ou avait existé sous le même parallèle que le milieu de la côte occidentale de l'Islande; il pensait que la distance qui les séparait, n'était que d'environ cent quatre-vingts milles; que, du milieu de la mer on voyait en même temps les deux côtes, ou du moins les sommets des montagnes; enfin, que cette côte du Groënland, qu'on suppose être la partie anciennement habitée par les Danois, s'étendait à trois cents milles au sud-ouest, ou au sud-sud-ouest d'Herjolsnes, et se prolongeait dans cette direction jusqu'au cap Farewell. Cette opinion d'Egède fut ensuite combattue dans un Traité de M. Eggers; celui-ci a cherché à prouver que la partie du Groënland anciennement découverte, et que plusieurs personnes supposent perdue, est le district appelé aujourd'hui *Julianshaab*, habité par les Danois, et que cette partie n'a reçu le nom de *Gooën-*

land oriental que parce qu'elle se trouve située un peu à l'est de celle qu'on appelle généralement la côte occidentale.

Cependant, le gouvernement danois fut d'une opinion différente. La seule question qu'il mit en doute, fut de savoir si Frobisher avait réellement passé un détroit qui, traversant le Groënland depuis la côte de l'est jusqu'à celle de l'ouest, en coupât une grande partie; le capitaine Löwenörn, avant son départ, écrivit un mémoire pour démontrer la fausseté d'une semblable supposition, ce qui avait été prouvé long-temps auparavant par les anciens navigateurs anglais.

L'évêque Egède pensait que la saison la plus favorable pour entreprendre ce voyage, était le commencement du printemps, avant que les masses de glace descendissent du nord et s'attachassent à la côte; mais le capitaine Löwenörn opinait pour chercher à arriver à la hauteur de la côte, au milieu de l'été, ou même plus tard, parce qu'alors la glace, descendue plus au sud, aurait laissé libre la côte orientale du Groënland, et préférait la côte occidentale d'Islande pour point de départ. Le gouvernement choisit pour cette expédition l'*Ernest Scheinnielmann*, de deux cent quarante-six tonneaux, employé ordinairement à la pêche de la baleine. On lui adjoignit un petit bâtiment de soixante tonneaux, sous le commandement du lieutenant Egède, fils de l'évêque. Ces deux bâtimens devaient passer l'hiver en Islande, afin de continuer leurs recherches l'été suivant, dans le cas où ils ne réussiraient pas la première année. Le capitaine Löwenörn fut en même temps chargé d'examiner avec soin la situation géographique des îles Shetland et de faire la reconnaissance des côtes de l'Islande, afin de rendre plus complète l'hydrographie de cette île. Il devait aussi reconnaître la situation d'une petite île volcanique qu'on avait aperçue en 1783, mais qui, suivant le rapport de plusieurs navigateurs, avait disparu l'année suivante.

Les deux vaisseaux partirent de Copenhague le 2 mai 1786, et arrivèrent en Islande le 16 du même mois. Ils firent plusieurs observations sur la variation de la boussole, sur l'exactitude desquelles on ne peut compter, parce que le grand nombre de volcans qui se trouvent dans presque toutes les parties de l'île, et qui contiennent, dit-on, des matières magnétiques, paralyse tellement la vertu de l'aiguille, qu'elle varie de plusieurs degrés dans les distances les plus courtes. C'est ainsi qu'Olafsen a remarqué que, sur le sommet de Snœfell Jokul, la boussole se tournait alternativement vers toutes les directions.

Le capitaine Löwenörn ne put obtenir en Islande aucun renseignement exact sur l'ancien Groënland, et ne put s'assurer qu'il fût possible de voir en même temps les côtes de l'Islande et du Groënland. Le 20 juin, il quitta Scolmensham, et, le 29, il vit pendant le jour un phénomène qu'il prit pour une aurore boréale. L'atmosphère était chargée de vapeurs, et d'une blancheur extraordinaire; le soleil était entouré d'un cercle de lumière pâle; vers le nord-ouest, l'air était plus clair, et de l'horizon s'élançaient des colonnes et des points lumineux qui ressemblaient à l'aurore boréale, étincelans et changeans de forme de la même manière que ce météore. Le même phénomène reparut le lendemain, mais plus faiblement. Si c'était l'aurore boréale, c'est probablement la première fois qu'on l'ait observée en plein jour, et lorsque le soleil était au-dessus de l'horizon.

Le 30 juin, les Danois voyaient le Snœfell Jokul à l'est, à la distance d'environ quatre-vingt-dix milles; en même temps ils se figurèrent qu'ils apercevaient, à l'ouest, des montagnes blanches couvertes de neige, et ils firent route de ce côté. Le 1.er juillet, l'atmosphère était chargée de vapeurs; à midi, ils crurent découvrir une terre montagneuse; ils étaient alors par 65° 13′ de latitude, sur 31° 16′ de longitude à l'ouest de Paris. Le brouillard était épais; mais de temps en temps il s'éclaircissait, et ils s'imaginaient apercevoir la terre : enfin, l'air s'étant entièrement éclairci, ils ne virent que des masses de glace et quelques îles flottantes.

Le 2 juillet, ils entrèrent dans une baie de glace; mais, au lieu de terre, ils ne virent qu'une étendue de glace immense et impénétrable, au milieu de laquelle s'élevaient d'énormes montagnes de glaces. La vapeur et la brume, produites par cette étendue de glace, les eussent empêchés de voir la côte, quand même ils en eussent été près ; mais si la terre eût été montagneuse, ils eussent dû en apercevoir les cimes, même à une grande distance au-delà de la plaine de glace, d'autant plus que de temps en temps le brouillard s'éclaircissait.

Cette plaine qui jusqu'alors s'était étendue dans la direction du nord-est au sud-ouest, tournait dans cette baie à l'ouest et un peu au nord, et permit aux vaisseaux de faire route à l'ouest. Le 2 juillet, à midi, ils étaient au moins à cent soixante milles de Snæfell-Jokul, par 65° 6' de latitude, et 32° 3' de longitude à l'ouest de Paris ; et, suivant les anciennes cartes, ils devaient être alors très-près de l'ancien Groënland. En allant à l'ouest, ils remarquèrent constamment au nord un certain reflet, qui indique le voisinage d'une plaine de glace continue, et qu'on voit généralement lorsqu'on en est à la distance de dix ou douze milles, et souvent même de beaucoup plus loin ; c'est ce que l'on appelle le clignotement de la glace ; mais on ne l'observe jamais lorsqu'il n'y a que des glaçons détachés. Les nuages prenaient quelquefois la forme de la terre.

Le 3 juillet, à midi, étant à deux cent soixante-dix milles de Snæfell-Jokul, par 65° 11′ de latitude et 35° 8′ de longitude, et entourés par les glaces, ils aperçurent pour la première fois la terre. La variation de la boussole était, dans cet endroit, de 45° 10′. Cette terre était composée de montagnes très-hautes vers le nord ; et comme ils les virent deux jours de suite, toujours dans la même forme et dans la même position, ils furent convaincus que ce n'étaient point des nuages. Ils calculèrent qu'elle devait être à la distance de cinquante milles de l'endroit où ils se trouvaient, ou à environ deux cent quatre-vingt-dix milles de Snæfell-Jokul. La glace était partout si fortement unie, et d'une si vaste étendue, qu'ils n'avaient pas le moindre espoir de se frayer un passage au travers ; et quand même ils auraient pu y entrer, ils auraient sans doute vu, pour prix de leur témérité, leurs vaisseaux se briser en mille pièces contre les montagnes de glace. A chaque instant les glaçons entouraient de plus en plus les bâtimens; et, pendant qu'ils étaient dans cette situation, ils découvrirent une énorme pièce de bois qui avait été équarrie; elle était si grande, qu'ils ne purent la prendre à bord avant de l'avoir sciée en deux. Un grand nombre de mouettes étaient perchées sur cette poutre. On fut très-surpris de voir que c'était du bois d'acajou, dont la pesanteur spécifique est généralement trop considérable pour qu'il puisse flotter sur l'eau; mais il était tellement rongé par les vers, même jusqu'au cœur, que le capitaine Löwenörn conjectura que son poids avait pu en être diminué. On ne vit pas de morses ni d'autres animaux marins dans cette partie de l'Océan; il n'y avait que des mouettes en petit nombre.

Comme la grande masse de la glace dérivait au sud-ouest, on résolut de ne pas pénétrer plus avant à l'ouest; car, en supposant même que l'on découvrirait dans la glace une ouverture par laquelle on pourrait pénétrer, on parviendrait tout au plus à entrer dans une baie au-delà de la glace, et on serait obligé d'hiverner dans le Groënland, à quoi l'on n'était nullement préparé. D'ailleurs on espérait trouver moins de glace au nord, et découvrir une terre près de la baie de glace dans laquelle on était entré le 2 juillet.

Le 7, par 65° 21′ de latitude et 30° 30′ de longitude, à cent vingt milles de Snæfell Jokul, le capitaine Löwenörn crut de nouveau voir une chaîne de rochers, mais ce n'était qu'une chaîne de montagnes de glace; en même temps il découvrit à l'ouest le même clignotement de la glace qu'il avait aperçu, le 2 juillet, presque à la même place. Le 8, en allant à l'est, il remarqua constamment, au nord, des montagnes de glace, ainsi que le clignotement, et passa entre plusieurs îles flottantes. Craignant que les masses de glace qui continuaient à descendre du nord ne remplissent toute la mer entre le Groënland et l'Islande, au point que la navigation n'en fût plus praticable, il préféra retourner en Islande, dont il n'était éloigné que d'environ soixante milles, et remit à faire une autre tentative pour découvrir la côte orientale du Groënland, lorsque les vents du nord et les courans auraient fait descendre la glace au sud. En conséquence il entra, le 12 juin, dans le port de Dyrefiord.

Tous les renseignemens qu'il y recueillit le confirmèrent dans l'opinion qu'il y avait, cette année-là, plus de glace qu'à l'ordinaire, et que si elle se dispersait, ce qui n'était pas probable, ce ne serait que très-tard. Cependant, le capitaine Löwenörn résolut de remettre encore une fois en mer pour se convaincre de l'impossibilité de trouver un passage à travers la glace. Il partit le 23 juillet, et, le 24, par 66° 35′ et 29° 10′ de longitude, il rencontra de grandes masses de glace qui, par 65° 10′ de latitude et 29° de longitude, paraissaient tourner au sud-ouest, et former une grande baie; mais, afin de ne pas être enfermé par la glace, il se dirigea au sud, puis retourna au 65° 41′ de latitude, à l'endroit où il était le 8. Il essaya encore une fois d'avancer à l'ouest, mais il fut arrêté par de grandes masses de glace ; et, comme pendant plusieurs jours il ne vit autre chose de tous les côtés, il résolut de retourner en Islande, où il entra dans le Havnefiord le 31 juillet. On commença alors à radouber le petit bâtiment commandé par le lieutenant Egède, qui devait rester pendant l'hiver en Islande, afin de poursuivre le voyage de découvertes le printemps suivant. Le capitaine Löwenörn retourna en Danemarck avec son vaisseau.

Le capitaine Löwenörn pense que la côte orientale du Groënland est abordable; mais il ne pense pas que ce soit la partie anciennement habitée et appelée Groënland oriental, qui est perdue depuis quatre siècles. Il croit pouvoir expliquer d'une manière satisfaisante, par la conformation du globe, les masses immenses de glace qui descendent tous les ans le long de cette côte. « En supposant, dit-il, que la surface du globe ne fût que de l'eau, le courant de la mer devrait, par suite du mouvement de la terre, sur son axe, de l'ouest à l'est, se faire constamment de l'est à l'ouest, et, en raison de la force centrifuge, les eaux devraient en même temps couler vers l'équateur ; mais les différens groupes de continens et d'îles ont modifié ces mouvemens. Les masses de glace autour du pôle arctique, dans la mer, au nord de l'Asie et autour du Spitzberg, doivent donc, par l'effet du mouvement de rotation du globe, se diriger de l'est à l'ouest et vers l'équateur, et passer, en conséquence, le long de de la côte orientale du Groënland.

Telle est la théorie de l'amiral Löwenörn, et telle était, bien des années avant son voyage, celle de Fabricius. Quelquefois, nous dit-il, ces masses de glace se brisent au printemps, à cause des orages, des vents, etc., et flottent au sud, quelques mois plus tôt qu'à l'ordinaire, laissant la côte septentrionale de l'Islande entièrement libre; mais, d'autres fois aussi, la glace reste immobile et rend cette côte inaccessible. Il pense donc que, pour pénétrer jusqu'à la côte orientale du Groënland, il faut choisir une année où la glace descende au sud au commencement de la saison, ce qu'on ne peut apprendre que dans l'Islande. Le navigateur doit approcher de la côte vers le 66° parallèle, et, en suivant le cours de la glace flottante, remonter jusqu'au cap Farewell. Dans les années 1751, 1752 et 1753, on essaya, en partant du Groënland, de suivre, dans de grandes chaloupes, la côte orientale, au nord du Statenhoek ou cap Farewell ; mais différens obstacles empêchèrent d'aller au-delà de soixante milles (1).

Le lieutenant Egède, avec son petit bâtiment, partit du port d'Havnefiord en Islande le 8 août 1786, rencontra pendant plusieurs jours des masses énormes de glaces flottantes, et, le 16 août, découvrit la terre à la distance de soixante à soixante-dix milles, par 65° 24′ 17″ de latitude et 33° 10′ de longitude ; il en approcha à trente milles. Il remarqua que le courant portait au sud-ouest, et ne put trouver fond à cent brasses. Il y avait à l'horizon une clarté

(1) Extrait du journal manuscrit de l'amiral Löwenörn.

produite certainement par des masses de glace. La plaine de glace qui le séparait de la terre était fort large, mais il ne put trouver aucune ouverture pour y entrer. Il sonda sans trouver fond. Il aperçut un petit espace d'eau libre entre la glace et la terre. Celle-ci était très-élevée et surmontée d'éminences pointues et rocailleuses, qui paraissaient plus hautes que les montagnes de la Norvège, et étaient couvertes de neige; mais avec le télescope, il en découvrit plus bas quelques-unes sur lesquelles il n'y en avait point.

Le 20, il découvrit de nouveau la terre, à la distance d'environ trente-six milles, par 64° 58′ 53″ de latitude et 34° 34′ de longitude; mais toute la côte était bordée par des masses de glace à travers lesquelles il était impossible de passer. Il aperçut une grande baie ou rivière dont l'ouverture était au nord, et qui s'enfonçait dans les terres en suivant cette direction. Il ne put approcher de la terre que de dix milles. La baie qui pouvait avoir quatre à cinq milles de largeur, était remplie d'îles de glace. La terre était très-haute, et les rochers pointus qui s'élevaient sur ses bords étaient couverts de neige. Avec le télescope il aperçut des fentes dans les rochers, et crut même voir de la mousse dans plusieurs endroits. La côte s'étendait du nord-nord-est au sud-sud-ouest ; mais Egède conjecture qu'à quinze ou seize milles plus au sud, il eût pu voir Herjolsnes, dont la baie descend jusqu'à Statenhoek. Il y avait sur les îles de glace des morses, des mouettes et différentes espèces d'oiseaux de mer.

Egède côtoya la terre dans la direction du sud ; et, quoique le temps fût très-clair, il ne vit ni habitans, ni maisons, ni animaux. Il était cependant assez près de terre pour les découvrir s'il y en eût eu. Le 21, il continua à voir la côte ; mais la glace l'en éloigna. Alors, pour n'être pas enfermé, il crut de la prudence de prendre le large. Le lendemain, il essuya une tempête affreuse, qui endommagea considérablement le vaisseau. Le 22 septembre, il regagna le port d'Havnefiord en Islande, après que le bâtiment eut été le jouet des vagues pendant plusieurs semaines.

Le lieutenant Egède résolut de passer l'hiver dans cette île, afin de remettre à la voile le printemps suivant. En conséquence il partit le 6 mars 1787; mais il ne rencontra que des masses immenses de glace flottantes dans toutes les directions. Son bâtiment fit eau : il fut obligé de gagner un port d'Islande, où il arriva le 23 avril. Il y apprit que les deux années précédentes la glace y avait été en bien plus grande quantité qu'à l'ordinaire. Il partit pour la troisième fois, le 8 mai, avec deux petits bâtimens, dont l'un était commandé par le lieutenant Rothé. Le 17 mai, il aperçut la terre sur la côte orientale du Groënland, étant alors par 65° 15′ 58″ de latitude et 34° 47′ de longitude. Les bâtimens furent aussitôt entourés par des îles de glaces, et l'on remarqua que ce jour-là et le lendemain le courant se portait du sud au nord, ce qui était d'autant plus extraordinaire qu'on avait toujours observé qu'il coulait invariablement dans la direction contraire. Ils étaient alors dans une grande baie formée par la glace, qui s'étendait à la distance d'au moins trente milles du rivage, sans offrir la moindre ouverture. Egède dit qu'il n'avait jamais vu tant de glace. Il entra dans cette baie, qui avait au moins quarante milles de profondeur.

Le 18, il approcha de la glace aussi près qu'il put, afin d'être à même de distinguer plus aisément la côte. Il était alors à environ trente milles de la terre la plus proche, et à quarante milles de la partie la plus septentrionale de la côte, qui s'étendait du nord-nord-est au sud-sud-ouest; la latitude était 65° 54′ 18″, la longitude 36° 51′. Il ne vit que des rochers très-hauts, se terminant en pointe, et presque entièrement couverts de neige et de glace : il remarqua que si cette partie de la côte est habitée, les habitans doivent tirer leurs moyens de subsistance de l'intérieur du pays, en chassant et en pêchant dans les rivières; car il pense qu'ils ne pourraient subsister sur la côte, à cause des montagnes de glace qui l'entourent par terre et par mer.

Lorsque le courant reprit sa direction ordinaire, la glace commença de nouveau à descendre du nord, ce qui obligea Egède de quitter la baie : il n'en sortit pas sans peine, et fit route pour l'Islande, où il arriva le 28 mai.

Le 8 juin, Egède mit encore une fois à la voile; mais, ne rencontrant que des montagnes de glace à travers lesquelles il était impossible de trouver la moindre ouverture, il retourna en Islande, après une tentative infructueuse continuée pendant trois semaines. Le 14 juillet et le 25 août, il fit de nouveaux efforts pour se frayer un passage à travers la glace jusqu'à la côte de Groënland; mais toujours arrêté par des barrières de glaces impénétrables qui l'empêchaient même de voir la terre, il fut à la fin obligé de renoncer tout-à-fait à cette entreprise, et de retourner en Danemarck. Les deux petits bâtimens avaient tellement souffert par les glaces et les tempêtes, qu'à tout moment ils étaient en danger de couler à fond (1).

(1) Extrait du journal manuscrit de l'amiral Löwenörn.

CHAPITRE X.

ALEXANDRE MACKENZIE. 1789.

Voyage par terre. — Départ du Canada. —Rivière Mackenzie.—Ile des baleines. — Mackenzie a-t-il réellement vu la mer ?

« Des entreprises mercantiles m'avaient conduit, très-jeune encore, dit M. Mackenzie, dans la partie du Canada qui s'étend au nord-ouest du Lac supérieur. Accoutumé aux travaux pénibles qu'exige le commerce de ces contrées, je pensai que je pourrais traverser le continent de l'Amérique septentrionale. Mon esprit curieux et hardi me portait à faire des découvertes; mes amis et mes associés pour le commerce de pelleteries, connaissant mon projet d'aller au nord, aussi loin que je le pourrais, m'encouragèrent à l'effectuer. » En conséquence, le 3 juin 1789, M. Mackenzie, accompagné de plusieurs Canadiens et de quelques Indiens, dont l'un avait suivi Hearne dans son voyage, partit du fort Tchipiouyan, sur le bord méridional du Lac des montagnes. Ce fort est à 58° 40′ de latitude nord, et à 110° 30′ de longitude à l'ouest de Greenwich. Il suivit en canot la rivière de l'Esclave jusqu'au lac du même nom, dans lequel, au milieu de juin, il y avait encore beaucoup de glace. Il le traversa, en côtoya les bords, et entra dans une rivière, ou plutôt un fleuve qu'il appela de son nom, *Mackenzie-River*. Il passa au milieu de plusieurs tribus d'Indiens, et arriva enfin chez celle qu'on appelle *Digothi Dinis* ou les *Querelleurs*, ce sont les derniers au nord; immédiatement après eux viennent les Esquimaux. Mackenzie apprit de ces Indiens que la distance à parcourir pour aller par terre jusqu'à la mer à l'est, n'était pas considérable; et que, pour y arriver aussi par terre en allant à l'ouest, il fallait moins de temps encore Les Indiens ajoutèrent que la terre, comprise entre les rives du fleuve où nous étions et la mer, se terminait à l'est et à l'ouest par un promontoire. Les bords du fleuve étaient alors peu élevés. Le 10 juillet, ils offraient une surface de glace solide, entremêlée de veines de terre noire. Mackenzie vit cependant des sapins assez grands ; il était à 67° 45′ de latitude. Le 11, il passa devant trois campemens d'Esquimaux. La rivière commença alors à s'élargir considérablement, et se partager en plusieurs canaux étroits, qui coulaient au milieu de petites îles sur lesquelles on ne voyait que des saules nains.

Le 12 juillet, Mackenzie entra, par 69° 1′ de latitude, dans un lac ouvert à l'ouest, et dans lequel, hors du chenal de la rivière, il n'y avait pas plus de quatre pieds d'eau, on n'en trouvait même pas plus d'un pied en quelques endroits. Il arriva dans une île. Dans les quinze derniers milles qu'il avait faits, l'eau n'avait jamais eu plus de cinq pieds de profondeur. Il grimpa sur la partie la plus élevée de cette île, et vit qu'une masse de glace compacte s'étendait du sud-ouest à l'est de sa boussole ; il aperçut confusément au sud-ouest une chaîne de montagnes, à plus de vingt lieues de distance, qui se prolongeait au nord plus loin que la glace. A l'est il découvrit plusieurs îles. « Mes compagnons, dit Mackenzie, ne purent alors s'empêcher de manifester leurs regrets d'être obligés de retourner sans être parvenus jusqu'à la mer. » Cependant il nous apprend qu'ils furent obligés de changer les bagages de place, parce que l'eau les gagnait. Ils conclurent que ce mouvement de l'eau qui s'élevait était la marée, elle paraissait monter de seize à dix-huit pouces; ils aperçurent dans l'eau un grand nombre de baleines. Leur guide leur apprit que c'était de cette espèce de poisson que se nourrissaient principalement les Esquimaux, et qu'on en voyait souvent d'aussi gros que la chaloupe. L'île où ils étaient campés reçut le nom d'*Ile des Baleines*. On y vit un grand nombre de renards rouges, et on en tua un. L'île des Baleines est par 69° 14′ de latitude nord. Mackenzie côtoya pendant quelques jours la terre aux environs de l'île des Baleines, et n'aperçut nulle part les Esquimaux; il rencontra néanmoins en différens endroits des huttes, des ustensiles, des débris de traîneaux, et des canots faits avec des côtes de baleines. Les brouillards étaient fréquens et épais, le temps devenait froid, les provisions diminuaient. Mackenzie commença, le 21 juillet, à remonter le fleuve; et, le 21, il rentra au fort Tchipiouyan, après avoir employé cent deux jours à son excursion.

Si la relation du voyage de Hearne à la rivière de la mine de cuivre est peu satisfaisante, celle du voyage de Mackenzie à l'embouchure du fleuve qui porte son nom ne l'est pas davantage. Il parle si obscurément qu'il est impossible, en pesant bien ses expressions, de se former une opinion précise, et de décider si la masse d'eau considérable, mais profonde, dans laquelle l'île des Baleines est située, est la mer ou un lac. On voit bien qu'il cherche à faire naître au lecteur l'idée que c'est la mer, mais il s'abstient de prononcer ce mot. Cependant le titre de son livre (1) annonce, et sa

(1) Voyage de Montréal aux mers Glaciale et Pa-

carte affirme positivement qu'il arriva sur le bord de l'Océan glacial. Un journal périodique observe avec raison (1) que l'idée bien simple et bien naturelle de tremper son doigt dans l'eau pour goûter si elle était *salée*, ne paraît pas s'être présentée à l'esprit du voyageur; et que, s'il a fait cette épreuve, il y a de sa part peu de candeur à n'en pas communiquer le résultat. Le même écrivain conclut, de toutes les circonstances rapportées par Hearne et par Mackenzie, que tous deux ont certainement été *près* de la côte de la mer, mais que ni l'un ni l'autre n'y sont arrivés.

cifique à travers le continent de l'Amérique septentrionale.

(1) *Quarterly Review*, N.º XXXI, pag. 167.

CHAPITRE XI.

CHARLES DUNCAN. 1790, 1791.

Départ de M. Duncan pour la baie d'Hudson.—Son premier voyage échoue par suite de la mauvaise volonté des employés de la compagnie de la baie d'Hudson. — Le second n'a pas plus de succès.

Le voyage que Hearne avait fait par terre fixa l'attention du célèbre géographe Dalrymple (1) sur l'état imparfait de la géographie des régions septentrionales de l'Amérique et des terres qui entourent le pôle boréal. L'examen de plusieurs cartes tracées par les indigènes de l'Amérique, et d'autres

(1) *Voyez* son article dans la *Biographie universelle*, rédigée par une société de littérateurs français, T. X, pag. 451.

renseignemens écrits que la compagnie de la baie d'Hudson lui avait remis, lui firent conclure que, malgré le peu de succès des voyages entrepris pour découvrir un passage, au nord de l'Océan atlantique dans le grand Océan, on finirait par découvrir ce passage en doublant l'extrémité nord-est de l'Amérique, et que la route la plus sûre pour y parvenir était de remonter le Welcome. Mais comme l'administration de la marine ne partageait pas à cette époque les espérances de Dalrymple, et que celui-ci avait éprouvé la vérité de l'observation du docteur Douglas, que le gouverneur et le comité de la compagnie de la baie d'Hudson cherchaient à faire oublier les vues étroites et peu généreuses de leurs prédécesseurs en suivant une conduite toute différente, et n'entraveraient pas la marche des navigateurs qui seraient expédiés pour entreprendre un voyage de découvertes, il s'adressa au gouverneur de cette compagnie, et le décida à employer, pour une expédition de ce genre, M. Charles Duncan, maître dans la marine royale, aujourd'hui maître en second du chantier royal de Chatham, qui avait fait preuve de grands talens dans un voyage à Nootka-Sound.

M. Duncan comptait autant que Dalrymple sur le succès de l'expédition. Il partit d'Angleterre, en 1790, sur le *Sea-Horse*, vaisseau de la compagnie, et prit ensuite le commandement du sloop le *Churchill*, qui était dans la baie d'Hudson, et que l'on avait destiné à ce voyage de découvertes. A son arrivée, il trouva l'équipage de ce bâtiment effrayé à la seule idée d'aller faire des découvertes dans le nord. Les employés de la compagnie s'efforcèrent de lui persuader que le sloop ne pouvait entreprendre une telle campagne, qu'il était en trop mauvais état pour tenir la mer, et qu'il n'était pas possible de le radouber dans ce pays. M. Duncan a, depuis ce temps, appris que ce même bâtiment fut ensuite employé sans relâche pendant plus de vingt ans.

Voyant qu'on cherchait à lui susciter tous les obstacles imaginables, et qu'il ne pouvait rien faire cette année-là, il retourna en Angleterre, déterminé à n'avoir plus rien à démêler avec les employés de la compagnie de la baie d'Hudson ; cependant, à son arrivée, les gouverneurs lui témoignèrent tant d'égards, et Dalrymple le pressa tellement d'entreprendre le voyage, qu'il consentit à prendre le commandement du Castor, bâtiment, solidement construit, de quatre-vingt-quatre tonneaux. On l'équipa comme il le voulut, et on l'approvisionna pour dix-huit mois. Duncan sortit de la Tamise le 2 mai 1791, rencontra beaucoup de glaces en entrant dans le détroit d'Hudson, et en fut tellement entouré au milieu des canaux qui séparent les îles, qu'il n'arriva que le 2 août à la hauteur de l'île de Charles, qui est par 63° de latitude. Il entra dans la rivière Churchill le 5 septembre, époque à laquelle il n'y avait plus d'espoir de rien faire cette année-là.

On a fait une observation assez singulière ; c'est qu'à une époque où l'art nautique était dans son enfance, où les connaissances étaient très-peu répandues et les instrumens en petit nombre et très-imparfaits, les premiers navigateurs ont, avec de petits bâtimens de vingt-cinq à trente tonneaux, mal construits et peu propres en apparence à affronter les montagnes de glace à travers lesquelles ils devaient se frayer un passage, et les tempêtes affreuses qu'ils essuyaient, réussi à franchir les détroits jusqu'à des latitudes très-élevées, et à revenir en moins de temps qu'il n'en fallut à M. Duncan pour aller jusqu'à l'un des établissemens de la compagnie de la baie d'Hudson, dont la route était alors aussi bien connue que celle des îles Shetland (1). La lenteur de la marche de M. Duncan fut évidemment causée par son obstination à ranger la terre de trop près.

Il passa l'hiver dans la rivière Churchill, qu'il ne quitta que le 15 juillet suivant; il pénétra alors par l'entrée de Chesterfield, et revint à Churchill vers la fin d'août, parce que son équipage, comme il le dit dans son journal, s'était mutiné, à l'instigation de son premier officier, employé de la compagnie de la baie d'Hudson. Le chagrin qu'il res-

(1) *Quarterly Review*, N.° XXXI.

sentit du mauvais succès de son voyage, la douleur et la mortification que lui causa la révolte de l'équipage, produisirent un tel effet sur son esprit, qu'il fut attaqué d'une fièvre violente, et le but de l'expédition fut manqué sous tous les rapports (1).

Ainsi se termina la dernière expédition, et l'on peut ajouter le moins satisfaisant de tous les voyages, excepté peut-être celui de Gibbons, qui ait été entrepris pour découvrir un passage au nord-ouest.

(1) Journal manuscrit de M. Duncan.

CHAPITRE XII.

Découvertes faites par les Russes sur la côte septentrionale de la Sibérie pendant le dix-huitième siècle.

Behring en 1728. — Morovief en 1734. — Offzin et Koskelef en 1734. — Feodor Menin, *id.* — Prontschistschef en 1735. — Deschneff en 1648. — Schalauroff en 1761 et années suivantes. — Incertitudes sur le sort de ce navigateur.

Il serait difficile de classer distinctement et par ordre chronologique les différens voyages et les découvertes partielles des Russes le long des côtes de leur vaste empire, s'ils n'eussent été réunis et disposés avec autant de talent que de précision par M. W. Cox, dans son intéressant ouvrage intitulé : *Relation des découvertes des Russes entre l'Asie et l'Amérique* (1). La seule partie de ces voyages dont nous avons à nous occuper est celle qui a rapport aux différentes tentatives faites pour ouvrir une navigation entre la mer Blanche et la mer Pacifique à travers la mer du Nord ou de Tartarie. La découverte et la possession du Kamtschatka rendit cette communication encore plus désirable, et engagea l'empereur Pierre-le-Grand à former un plan de découvertes, dont le principal objet était de déterminer si l'Asie et l'Amérique étaient séparées ou contiguës. Dans ce dessein, ce monarque écrivit de sa propre main des instructions qui, aussitôt après sa mort, furent suivies par l'impératrice Catherine. Elle fit partir, en 1728, Behring, du Kamtschatka, sur le bâtiment la *Fortune*, ayant quarante hommes d'équipage. Le 10 août, il vit l'île de Saint-Laurent; et, continuant à faire route au nord jusqu'au 15, il se trouva par 67° 18′ de latitude. Ne voyant

---

Troisième partie, édition de Londres, 1787, un vol. in-8°. avec cartes.

la terre ni au nord ni à l'est, et le continent de l'Asie se prolongeant à l'ouest, il pensa qu'il avait pleinement décidé que l'Asie était séparée de l'Amérique, et que par conséquent il avait rempli l'objet de ses instructions. La saison était très-avancée, il retourna donc au Kamtschatka.

Le premier point à déterminer ensuite était de savoir s'il existait une communication navigable entre la mer Blanche et la mer du Kamtschatka. Plusieurs expéditions furent entreprises à cet effet, mais dans aucune on ne réussit à effectuer le voyage entier, soit en une seule fois, soit à plusieurs reprises; il n'est même pas évident qu'il ait jamais été fait en entier par différens navigateurs, à différentes époques, quoique toute la côte ait été indubitablement reconnue, à l'exception du promontoire sacré, entre l'*Yenisei* et la Léna, appelé *cap Severo Vostokhnoi*, ou *cap Nord-Est*.

La première expédition, partie d'Arkhangel, eut lieu en 1734. Le lieutenant Morovief fit route vers l'Obi; mais, le premier été, il n'alla pas au-delà de l'embouchure de la Petchora. L'été suivant, il passa le détroit de Waigatz, entra dans le golfe de Kara et en suivit la côte occidentale jusqu'à 72° 30′ de latitude, mais il ne put doubler le cap Olenei qui sépare le golfe de Kara de celui d'Obi. Dans la même année, deux bâtimens, commandés par les lieutenans Offzin et Koskelef, doublèrent le cap Matzol, depuis le golfe d'Obi jusqu'à l'embouchure de l'Yenisei, ce qui avait été plusieurs fois tenté sans succès. Vers la même époque, le pilote Féodore Menin alla de l'embouchure de l'Yenisei à la Léna; mais, arrêté par les glaces à l'embouchure de la Piasida ou Piacini, sans pouvoir se frayer un passage, il fut obligé de retourner au lieu d'où il était parti.

Le lieutenant Prontschistschef avait essayé, en 1735, d'aller, au contraire, de la Léna à l'Yenisei. Les glaces lui firent éprouver beaucoup de difficultés à traverser l'archipel d'îles qui sont à l'embouchure de la Léna. En avançant au nord-est, il vit un grand nombre d'îles de glace qui avaient depuis vingt-quatre jusqu'à soixante pieds de hauteur. Il passa par des canaux étroits entre des plaines de glace, et son bâtiment éprouva tant d'avaries que, le 2 septembre, il fut obligé de se réfugier dans l'embouchure de l'Olenek ou Olensk, où il passa l'hiver. Il mit de nouveau à la voile le 1.er août 1736, et en trois jours arriva à l'embouchure de l'Anabara, par 75° degrés de latitude. Il continua son voyage le 10, passa au milieu de beaucoup de glaçons, et fut forcé de se mettre à l'abri dans l'embouchure de la Katanga, près de 75° de latitude. Continuant à ranger la côte au nord, il entra dans la Taïmoura le 18 ; une chaîne d'îles qui s'étendait au nord, l'empêcha d'aller plus loin, et il eut beaucoup de peine à regagner l'Olenek, où il arriva le 29 août.

Si cette relation, donnée par Gmelin, était exacte, le promontoire situé entre la Katanga et la Taïmoura aurait été doublé, tous les obstacles auraient été surmontés. Muller, suivant Coxe, dit que Prontschitschef ne pénétra pas tout-à-fait jusqu'à l'embouchure de la Taïmoura, qu'il fut arrêté par une chaîne d'îles qui s'étendait du continent très-loin au nord, et entre lesquelles les canaux qui les séparaient étaient fermés par les glaces. Il ajoute qu'ayant été jusqu'à 77° 25′ de latitude, sans pouvoir trouver un passage, il regagna l'Olenek.

Les Russes expédient, tous les ans, d'Arkhangel et d'autres ports, des navires à la côte occidentale de la Nouvelle-Zemble, pour prendre des morses, des ours et des phoques; mais il paraît que le vaisseau du hollandais Barentz est le seul qui ait doublé l'extrémité septentrionale de cette île pour gagner sa côte orientale.

Le passage de la Léna à la Kovyma, qui est à l'est, est moins difficile, et a été souvent entrepris avec succès; on essaya aussi, à plusieurs reprises, de doubler le Tschouktskoï-Noss, en partant de la Kovyma; mais cette entreprise paraît n'avoir été exécutée qu'une fois; ce fut en 1648, par le cosaque Deschneff. La relation de ce curieux voyage fut découverte, dans les annales d'Iakoutsk, en 1736, ainsi que celle de plusieurs autres voyages dans la mer Glaciale. Ils ont été publiés par Muller. Leur authenticité paraît avoir été établie par Behring et par Cook, qui reconnurent que la côte nord-est de l'Asie, les îles qui sont vis-à-vis, enfin les habitans, étaient exactement tels que Deschneff les décrit dans sa relation.

Il est très-remarquable que, de toutes les tentatives faites pour doubler le Tschoukstkoi-Noss, pointe qui forme l'extrémité nord-est de l'Asie, aucune n'ait réussi depuis le voyage de Deschneff. Schalauroff, négociant d'Iakoutsk, tenta cette entreprise avec un zèle et une persévérance incroyables. Après avoir fait construire un bâtiment à ses frais, il descendit la Léna en 1761 ; mais, au mois de juillet, il trouva tant de glaces à l'embouchure de ce fleuve, qu'il fut obligé de se réfugier dans l'Yana, où il fut retenu par la glace jusqu'au 29 août. De là il rangea la côte en allant à l'est, doubla le Svaitoi-Noss ou le promontoire sacré le 6 septembre, et découvrit la terre au nord, dans la mer Glaciale. Cette terre fut ensuite examinée par quelques officiers russes. Elle est composée de cinq îles inhabitées, qu'ils appelèrent *îles des Ours*. Après avoir passé entre ces îles et le continent, comme la saison était très-avancée, Schalaurof fit entrer son bâtiment dans l'une des embouchures de la Kovyma : il y passa l'hiver, et y trouva en abondance des rennes, des saumons et des truites.

L'embouchure de la Kovyma ne fut libre de glaces que le 21 juillet 1762. Schalaurof remit alors en mer, et fit route à l'est. Il vit bientôt qu'il avait non seulement à traverser beaucoup de glaces, mais encore à surmonter un fort courant qui portait à l'ouest. Le 19 août, il était près de la côte, enfermé par des îles de glace. Il s'efforça, pendant plusieurs jours, de regagner le large, où la mer paraissait plus libre ; mais de grandes masses flottantes le repoussaient toujours vers la côte. Il réussit pourtant à la fin à sortir de cette situation, et se dirigea de nouveau au nord-est, afin de doubler le Schelatskoi Noss, dont la latitude est environ 71°; mais les vents contraires et la saison avancée l'obligèrent de chercher un endroit où il pût hiverner. Il fit donc route au sud, et entra dans une baie profonde, à l'ouest du

Schelatskoi Noss, près de l'île de Sabedeï, où il vit quelques huttes de Tschoutskis; mais les habitans s'enfuirent à son approche.

N'y trouvant pas un endroit convenable à son projet, il remit en mer le 8 septembre; et, ayant attaché son bâtiment à une grande masse de glace, elle l'entraîna dans l'ouest-sud-ouest, en lui faisant faire cinq werstes par heure. Le 12, il arriva à ses quartiers d'hiver de l'année précédente, dans la Kovyma, comptant faire, l'année suivante, une autre tentative pour doubler le Schelatskoi Noss; mais le manque de provisions et la mutinerie de son équipage le forcèrent de retourner vers la Lena.

Cependant les obstacles qu'il avait éprouvés ne l'empêchèrent pas de renouveler une tentative qu'il ne regardait en aucune manière comme inexécutable. Il quitta donc la Lena en 1764, sur le même bâtiment; mais on ne le revit jamais, non plus que personne de son équipage. On suppose qu'ils furent tués par les Ttschoutskis, près de l'Anadyr, la troisième année après leur départ de la Lena; mais on n'a jamais su si

Schalaurof était parvenu à doubler le cap nord-est, et à passer du détroit de Behring dans l'Anadyr, ou s'il avait traversé la langue de terre qui sépare l'Anadyr de la Kovyma; tout ce qu'on sait, c'est qu'il a certainement péri dans ces parages. Sauer, secrétaire attaché à l'expédition du commodore Billings, qui, par ordre de l'impératrice Catherine II, parcourut de 1785 à 1794 la Sibérie, la mer Glaciale et la mer d'Anadyr, apprit d'un interprète tstchoutski que le bâtiment de Schalaurof avait été vu flottant au gré des vagues, près de l'embouchure de la Kovyma, et que lui et ses gens avaient été gelés dans une tente; mais Sauer doute de la vérité de cette histoire.

Dans toutes les tentatives faites par les Russes pour passer d'Arkhangel et des ports situés plus à l'est dans la mer Pacifique, le lecteur remarque sans doute que partout, le long de cette côte basse et de cette mer peu profonde, les bâtimens eurent continuellement à lutter contre la glace, et que, dans leurs efforts pour doubler les pointes de terre avancées, ils côtoyèrent constamment le rivage, au lieu de prendre le large, où, selon toute apparence, ils auraient rencontré moins de glaces (1).

(1) Relation des découvertes russes, par Coxe.

CINQUIÈME PARTIE.

Voyages de découvertes dans le Nord, dans les premières années du dix-neuvième siècle.

CHAPITRE Ier.

Le lieutenant KOTZEBUE, de 1815 à 1818.

Le comte Romanzoff équipe un navire à ses frais pour chercher le passage. — Départ du lieutenant Kotzebue. — Découverte d'une grande baie.—Habitans. — Enorme rocher de glaces. — Dents d'éléphans, les premières trouvées en Amérique.—Retour aux îles Sandwich. — Maladie du lieutenant Kotzebue. — Retour en Russie.

La longue guerre dans laquelle toutes les nations de l'Europe furent enveloppées à différentes reprises depuis la fin du dix-huitième siècle jusqu'en 1814, suspendit toute tentative de découvertes dans le nord; mais aussitôt que l'on eut commencé à jouir des douceurs de la paix, l'esprit de découvertes se ranima, et des expéditions furent envoyées dans toutes les parties du monde; l'on doit dire, à l'honneur d'un particulier, le comte de Romanzoff, qu'il fit équiper à ses propres frais un bâtiment pour reconnaître si la mer, sur la côte septentrionale de l'Amérique, offrait un passage navigable entre les océans Pacifique et Atlantique.

Le *Rourick*, bâtiment de cent tonneaux et de vingt-deux hommes d'équipage, y compris les officiers, un chirurgien et un botaniste, fut mis sous le commandement du lieutenant Kotzebue; il devait doubler le cap de Horn, et arriver le plus promptement possible à la côte nord-ouest de l'Amérique, passer le détroit de Behring, tâcher de trouver sur la côte de l'Amérique une baie ou une anse où il pût laisser son bâtiment en sûreté, et, avec une partie de son équipage, s'avancer par terre dans le continent, d'abord au nord, pour reconnaître si le Cap-Glacé (*Icy cape*) est une île, comme on le suppose, et ensuite à l'est, en laissant à sa gauche la mer hyperboréenne. On l'avait muni de canots légers en cuir, ou *baïdars*, pour passer les lacs et les rivières qui pourraient se trouver sur son chemin.

Dans une des îles aléoutiennes, il remarqua une grande quantité de bois jeté par les vagues sur le rivage, et il y ramassa, entre autres, le tronc d'un camphrier.

Au milieu du détroit de Behring, entre les caps de l'Est et du Prince de Galles, il trouva le courant qui, portant au nord-est avec beaucoup de force, à raison, comme il le jugea, de deux milles et demi par heure, ce qui est une vitesse au moins double de celle qui avait été observée par Cook. La profondeur de l'eau était aussi beaucoup plus considérable en cet endroit que celle qui est notée dans le voyage du même navigateur.

Ayant doublé le cap du Prince de Galles au commencement d'août, sans que les glaces y missent aucun obstacle, et, à ce qu'il paraît, sans en apercevoir aucune, il remarqua une ouverture à la côte d'Amérique, entre 67° 30′ et 68° de latitude. Le *Rourick* entra dans cette baie. Il y avait à l'entrée une petite île, dont le rivage était couvert de bois que la mer y avait jeté ; on y remarqua des arbres d'une grosseur énorme. Le flux et le reflux passaient régulièrement dans les canaux, de chaque côté de l'île : la baie s'étendait du nord au sud, et offrait plusieurs anses : on n'en détermina pas l'étendue à l'est. Le *Rourick* avança dans cette direction jusqu'à 160° de longitude, méridien qui correspond avec celui du fond de la baie de Norton.

Les bords de cette grande baie, surtout du côté du nord, étaient peuplés d'Indiens d'une grande taille, armés d'arcs, de flèches et de lances : ils portaient des vêtemens de peau, et des bottes de cuir assez bien faites et ornées ; leurs cabanes étaient commodes et creusées profondément en terre ; leurs meubles et leurs outils étaient faits avec délicatesse ; ils avaient des traîneaux auxquels ils attelaient des chiens, quoique des têtes et des peaux de rennes annonçassent que ce quadrupède se trouve dans cette contrée. La description de ce peuple, par le lieutenant Kotzebue, répond assez exactement à celle des Tschoutskis, trouvés par Cook sur le continent opposé, et avec lesquels les premiers tantôt commercent, tantôt sont en guerre. C'est la même race qu'on trouve plus bas sur le continent de l'Amérique et dans les environs de l'établissement russe de Kodiack, comme on l'apprit d'un habitant de ce lieu, qui comprenait leur langue.

Le lieutenant Kotzebue apprit de ces Indiens qu'au fond de cette baie il existait un détroit qui conduisait dans la grande mer, et qu'il fallait neuf jours à un de leurs canots pour arriver à cette mer en ramant. M. Kotzebue pense que ce doit être le grand Océan du nord, et que le pays au nord de la baie doit être une île ou un archipel d'îles.

Au fond d'une anse, sur la côte septentrionale de la baie, s'élevait à six cents pieds de hauteur perpendiculaire un rocher qui, de loin, paraissait calcaire; sa cime offrait une belle végétation. Entre le pied de ce rocher et le rivage, s'étendait une langue de terre large d'environ deux cent cinquante à trois cents toises, et couverte de plantes, que l'on reconnut ensuite pour être les mêmes que celles qui garnissaient le haut du rocher. Mais que l'on se figure la surprise des Russes, lorsqu'en approchant de cette montagne énorme, ils découvrirent que c'était une masse de glace. De ses deux côtés coulaient des torrens d'eau produits par la fonte de quelques-unes de ses parties. Au pied de ce rocher on trouva plusieurs dents d'éléphans, semblables à celles qu'on a rencontrées en si grande quantité dans la Sibérie et dans les îles de la mer de Tartarie (1). On en conclut que ces dents

(1) Le lieutenant Kotzebue les nomma *dents de Mammouth* (Mastodontes); mais il est évident, d'après un dessin fait par le naturaliste, que c'étaient des dents d'éléphans, ce qui est d'autant plus extraordinaire que c'est la première fois qu'on découvre dans le Nouveau-Monde des restes de ces animaux.

s'étaient détachées de la masse de glace à mesure que la surface s'en était fondue ; on n'aperçut aucun autre débris de ces animaux; mais on sentait une odeur désagréable de matière animale, à peu près semblable à celle d'os brûlés, et il était impossible de rester près des endroits de la montagne d'où l'eau découlait. On grimpa sur cet énorme rocher de glace par le côté qui faisait face à l'intérieur du pays, et l'on fit une collection des plantes qui croissaient sur le sommet. La couche de terre qui le couvrait n'était pas profonde, et M. Kotzebue la décrit comme étant de nature calcaire. On put supposer que la langue de terre au pied de la montagne s'était probablement formée de la terre et des plantes que la fonte des glaces avait entraînées, car l'on en vit tomber diverses portions.

A l'exception de cette montagne de glace, on ne voyait, dans toute cette partie de l'Amérique, ni glace ni neige, soit sur terre, soit sur l'eau. Le ciel était pur, le temps doux et même chaud ; mais sur la côte d'Asie, en face, le temps était froid, et l'atmosphère presque toujours chargée de brouillards. Il y avait une si grande différence entre la température des deux continens, de chaque côté du détroit, qu'en le traversant on passait à l'instant de l'été à l'hiver. On était à la fin d'août, et, à cette époque, un passage libre et superbe paraissait ouvert du côté de l'Amérique, aussi loin que la vue pouvait s'étendre au nord; au lieu que, du côté de l'Asie, la côte était bordée d'une plaine de glace, dont le bord extérieur se prolongeait dans la direction du nord-est, qui était précisément celle du courant.

La saison était trop avancée, soit pour essayer de doubler le Cap-Glacé sur le Rourik, ce que le lieutenant Kotzebue croit pourtant qu'il aurait pu effectuer sans obstacle, soit pour faire le voyage par terre en s'avançant à l'est. Craignant que, s'il restait plus long-temps dans la grande baie, l'entrée n'en fût fermée par les glaces, M. Kotzebue pensa que ce qu'il avait de plus prudent à faire, était d'aller passer l'hiver en Californie, de s'y radouber, et d'essayer une nouvelle tentative, dès le commencement du printemps suivant, pour pénétrer dans l'intérieur de l'Amérique. Ce projet s'exécuta, et, dès le mois de mars 1817, M. Kotzebue quitta la Californie, toucha aux îles Sandwich, et arriva en juin aux îles aléoutiennes; où le Rourick souffrit beaucoup d'un violent coup de vent. M. Kotzebue eut malheureusement la clavicule cassée ; cet accident altéra tellement sa santé, qu'arrivé à Eivoughiena, ou l'île de Clerke, à l'entrée du détroit de Behring, le chirurgien déclara qu'un climat plus chaud pouvait seul lui sauver la vie. Les glaces venaient de quitter la côte méridionale de cette île, et se retiraient graduellement au nord, mouvement qu'elles paraissent exécuter tous les ans, mais plus tôt ou plus tard, et plus ou moins vîte, suivant les vents qui règnent, et la force avec laquelle ils soufflent. Etant donc arrivé un mois trop tôt pour pouvoir entrer sur-le-champ dans la baie qui est au nord du cap du Prince de Galles, et sa santé devenant chaque jour plus mauvaise, M. Kotzebue fut obligé, bien à regret, de renoncer à son projet, et de retourner dans sa patrie, en doublant le cap de Bonne-Espérance.

Dans le cours de sa navigation, M. Kotzebue a découvert plusieurs nouveaux groupes d'îles dans la mer Pacifique; et il a fait une chose dont on ne s'était pas occupé auparavant: tous les jours, à une heure fixe, on prenait la température de l'eau de la mer à la surface et à une certaine profondeur.

Un fait honorable pour lui, c'est qu'après un voyage de trois ans, sous les climats les plus opposés, il a ramené en Russie tout son petit équipage, à l'exception d'un seul homme, qui était mal portant au moment du départ (1).

(1) J'ai appris ce fait dans une conversation avec le lieutenant Kotzebue.

CHAPITRE II.

JEAN ROSS, DAVID BUCHAN, GUILLAUME EDOUARD PARRY et JEAN FRANKLIN.

1818 (1).

Motifs qui déterminent le gouvernement anglais à envoyer deux expéditions au nord, l'une par la baie de Baffin, l'autre droit au pôle. — Résultat de ces deux voyages.

De toutes les expéditions parties des ports de l'Europe pour découvrir dans le nord une communication entre la mer Pacifique

---

(1) Ce chapitre n'offre qu'un abrégé de l'original, mais en même temps il contient des additions nécessaires. M. Barrow, qui était le grand promoteur de la double expédition au nord, s'étendait avec complaisance sur les moindres détails relatifs à l'armement. Ces détails, sans doute très-satisfaisans

et l'Océan Atlantique, aucune ne fut préparée avec tant de soin, ni si complétement équipée sous tous les rapports, que les deux qui partirent d'Angleterre en 1818. Les tentatives nombreuses faites par les Anglais, depuis l'époque la plus reculée où leur navigation commença à prendre l'essor, jusqu'à la fin du dix-huitième siècle, démontrent que

pour lui, n'auraient probablement causé que de l'ennui au lecteur; car il faut convenir que l'on met peu d'intérêt à savoir par qui tel ou tel instrument embarqué sur un vaisseau a été fourni ou même inventé. L'auteur finissait par laisser la double expédition au moment du départ, comptant bien qu'il n'en aurait des nouvelles que de la Chine ou du Mexique: *dis aliter visum*. Malgré les raisonnemens et les faits insérés dans le *Quaterly Review*, pour prouver que jamais l'époque n'avait été plus favorable pour assurer le succès de l'expédition et pour pronostiquer une pleine réussite, tout s'est passé comme dans les voyages précédens entrepris dans les mêmes parages. L'éditeur a donc recueilli dans les journaux anglais tout ce qu'ils avaient raconté sur la troisième expédition, jusqu'au moment où elle est revenue au port. Au moins l'ouvrage offre un dénouement (T.)

la découverte d'un passage au nord-ouest pour aller en Chine et dans l'Inde, a toujours été regardé comme un objet particulièrement intéressant pour la Grande-Bretagne. Ce sujet a attiré l'attention et obtenu les encouragemens des premiers littérateurs du siècle et des négocians les plus recommandables. Les souverains ont accordé leur protection à ceux qui s'occupaient de ce projet, et divers parlemens ont assuré des récompenses pour sa réussite. Jamais ce sujet n'a manqué d'exciter le plus vif intérêt parmi toutes les classes de la société. Les principales nations maritimes de l'Europe ont tenté la même entreprise à différentes époques; la Russie même, comme nous l'avons vu, et, qui plus est, un particulier russe, a depuis peu équipé un navire à ses frais pour découvrir une communication entre les deux Océans en traversant le nord de l'Amérique.

Il y eût donc eu plus que de l'indifférence si, sous un règne éminemment distingué par l'esprit qui a dirigé les voyages de découvertes, l'Angleterre fût restée speclatrice oisive, et eût souffert qu'une autre nation effectuât la seule découverte intéressante qui reste encore à faire en géographie, découverte dont ses anciens navigateurs ont ouvert le chemin.

D'ailleurs, une circonstance particulière engagea le gouvernement anglais à préparer, en 1818, une expédition pour tenter cette découverte. Depuis trois ans, on avait vu flotter dans l'Atlantique des quantités extraordinaires de glace venant du pôle. En 1817, la côte orientale du Groënland, qu'on suppose avoir été fermée par les glaces depuis quatre siècles, se trouva accessible depuis le 70.e degré de latitude jusqu'au 80.e, et la mer qui la sépare du Spitzberg fut entièrement ouverte sous ce dernier parallèle (1). Cette disparition des glaces boréales sur une étendue si considérable des mers du Groënland, fut regardée comme très-propre à favoriser une nouvelle tentative; elle parut offrir une espérance de

(1) Un bâtiment de Hambourg navigua sous cette latitude.

succès, surtout pour essayer d'approcher du pôle arctique; ce qui, malgré le défaut de réussite du capitaine Phipps (depuis lord Mulgrave), n'était nullement regardé comme une entreprise impossible. L'opinion des hommes instruits et l'expérience des marins qui s'occupent de la pêche de la baleine, s'étaient prononcées depuis long-temps en faveur de l'existence d'une mer polaire ouverte, et de la possibilité d'atteindre à cette extrémité septentrionale du globe.

On résolut en conséquence de préparer deux expéditions distinctes; l'une pour monter par le milieu du détroit de Davis jusqu'à une haute latitude, et alors le traverser en tournant à gauche, dans l'espérance de pouvoir doubler l'extrémité septentrionale de l'Amérique et d'arriver par cette route au détroit de Behring; l'autre pour faire route directement vers le nord, entre le Groënland et le Spitzberg, et, si elle trouvait une mer polaire ouverte, sans aucune terre, et, comme on pouvait l'espérer en ce cas, sans aucune glace, de gagner directement le détroit de

Behring, traversée qui seroit plus courte que la première de près d'un tiers.

Les bâtimens armés pour chercher le passage au nord-ouest furent l'*Isabelle*, de trois cent quatre-vingt-deux tonneaux, commandé par le capitaine Jean Ross, et l'*Alexandre*, de deux cent cinquante-deux, par le lieutenant Guillaume-Edouard Parry ; on destina, pour le voyage direct au pôle, la *Dorothée*, de trois cent soixante-dix tonneaux, sous les ordres du capitaine David Buchan, et le *Trent*, de deux cent cinquante, sous ceux du lieutenant Jean Franklin. On attacha en outre à chaque bâtiment un renfort d'officiers habiles ; des astronomes, des dessinateurs, des capitaines marchands et des maîtres versés dans la connaissance des mers du Groënland, par leur expérience acquise dans la pêche de la baleine ; ils devaient servir de pilote. On voulut que ces deux expéditions fussent munies des instrumens les plus parfaits pour faire des observations et des expériences propres à accroître le domaine des sciences physiques et mathématiques.

Le nombre d'hommes sur chaque bâtiment, y compris les officiers, les matelots et les soldats de marine, était de cinquante-six sur les grands, et de quarante sur les deux autres. Ils furent tous approvisionnés pour deux ans. Les membrures des quatre bâtimens furent renforcées; leur doublage, de six pouces d'épaisseur, fut recouvert d'une double feuille de cuivre; chaque objet d'équipement eut six rechanges. Enfin, chaque expédition emportait une maison en bois dont les pièces toutes préparées pouvaient s'assembler en peu d'heures. On avait pris cette précaution pour le cas où les équipages passeraient l'hiver dans une des contrées boréales qu'ils allaient reconnaître.

Tous les officiers, jusqu'au dernier, s'embarquèrent, parfaitement satisfaits, et dans la pleine confiance de réussir dans le grand objet de leur voyage, ou du moins avec la ferme détermination d'en constater l'impossibilité.

Les quatre bâtimens partirent ensemble en avril, et arrivèrent aux îles Shetland, l'*Isabelle* le 30, la *Dorothée* le 1.ᵉʳ mai. Les officiers descendirent à terre ; les matelots furent consignés à bord de leurs bâtimens respectifs, parce qu'on craignait qu'ils ne désertassent. On avait annoncé pourtant qu'on n'avait composé les équipages que de gens qui s'étaient offerts volontairement pour ce service, ou du moins qui l'avaient accepté librement, et que leur paie avait été doublée.

Ce fut aux îles Shetland que s'effectua la séparation des navires destinés aux deux expéditions. Le 3 mai, l'*Isabelle* partit, accompagné de l'*Alexandre*, pour la baie de Baffin. Les deux bâtimens arrivèrent, le 22, à la hauteur du cap Farewell; la température de l'air et de l'eau était presque la même qu'aux îles Shetland, et le thermomètre de Fahrenheit marquait de 41 à 42 degrés (4° à 4° 44). Le 28, ils rencontrèrent la première montagne de glace; il tomba beaucoup de neige et de verglas, et la mer se couvrit d'un grand nombre de glaçons détachés. Le 2 juin, par 95° 42′ de latitude, ils trouvèrent à l'ouest une vaste plaine de glace qu'ils supposèrent s'étendre jusqu'aux côtes de l'Amérique, et virent le Groënland le 4; mais ils n'en approchèrent pas. Le 8, n'en étant qu'à quelques lieues, par 68° 20′ de latitude, et 55° 50′ de longitude (méridien de Greenwich), ils se trouvèrent tellement resserrés entre les glaces, qu'ils étaient obligés de changer de route à chaque instant pour découvrir un passage. Le 9, ils mouillèrent à un mille de la côte, par trente-huit brasses de fond, en s'amarrant à une montagne de glace. Le 10, il fallut s'éloigner, parce que le vent poussait sur eux d'énormes glaçons, et chercher à sortir d'une mer si encombrée de glaces.

Le 14, ils touchèrent à l'île de la Baleine (*Whale-Island*), où se trouve un comptoir danois. Le résident vint à bord de l'*Isabelle*; il raconta que l'hiver précédent avait été très-rigoureux. Le 16, les Anglais étaient par 70° 39′, ayant toujours en vue des glaces sans fin du côté du nord. Ils s'amarrèrent à une montagne de glace à un mille de l'extrémité nord-ouest de l'île de Waigatz, au nord de Disco. Beaucoup de bâtimens, destinés à la pêche de la baleine, y attendaient que les glaces leur permissent de s'avancer au nord, la pêche dans les latitudes plus méridionales n'ayant pas réussi cette année. L'île de Waigatz a huit à neuf milles de longueur; elle est inhabitée. Les rochers y sont de basalte, et quelques-uns ont de douze à quinze cents pieds de hauteur. On trouve de la houille à très-peu de profondeur sur la partie nord-ouest de cette île.

Le 20, la glace parut s'ouvrir un peu au nord, mais le vent était faible et variable, on éprouvait des calmes fréquens; et, le 26, les bâtimens n'étaient encore qu'à vingt milles de Waigatz. Etant alors dans des eaux plus libres, ils avancèrent jusqu'à 70° 24½ de latitude, le long d'une plaine de glace, au nord de Jacob's Bight, et par 54° 17' de longitude occidentale, d'après les observations lunaires qui étaient d'accord avec les chronomètres.

Le 27, ils eurent l'espoir de trouver une ouverture dans les glaces, et croisèrent jusqu'au 2 juillet dans un espace assez resserré. Enfin, un vent favorable leur ouvrit un passage, et, le 7 juillet, ils arrivèrent à 74°, où ils se trouvèrent de nouveau entourés de montagnes de glaces et de glaçons plats, d'une plus grande hauteur et d'une étendue plus considérable qu'ils n'en avaient encore vu : ils étaient alors dans le même lieu où Baffin avait jeté l'ancre deux siècles auparavant. Ils reconnurent les Three Islands, qu'il décrit ; mais il les place à 74° 4', et ils les trouvèrent à 74° 1' ½.

Le 8, ils étaient, à la hauteur de l'endroit nommé *Devil's - Thumb*, retenus par les glaces qui les empêchaient d'avancer plus loin. La mer était littéralement couverte de montagnes de glace, et le grand objet de discussion parmi les officiers était de savoir où elles se formaient. Une chose qui leur parut certaine, c'est qu'elles se forment sur terre ou près du rivage ; car on voyait, sur quelques-unes, des quartiers de rochers d'une grosseur considérable ; d'autres étaient couvertes de sable et de terre, d'autres composées de lits successifs et réguliers de glace, de sable et de pierres. Les glaces suivent ordinairement le cours du du vent; il faut pourtant qu'il existe un courant qui les porte au sud, puisqu'il est certain qu'elles ne se forment pas dans les latitudes où on les rencontre; cependant on n'en put reconnaître aucun en cet endroit. La marée venait du sud, le temps était assez beau. Le thermomètre, au soleil, montait à 76 (19°.54.), et ne descendait guère, à l'ombre, au-dessous de 33 (0.44). Il ne pleuvait pas; quelquefois il neigeait; souvent d'épais brouillards remplissaient l'atmosphère; le soleil brillait parfois pendant la journée toute entière.

De petits ruisseaux coulaient du haut des montagnes de glace, mais sans diminuer sensiblement leur masse. Les glaçons détachés, au contraire, devenaient de jour en jour moins nombreux et moins considérables. Enfin, le 21, les bâtimens trouvèrent une ouverture et avancèrent le long de la côte jusqu'à 75°. La terre n'offrait qu'une masse de neige continue, à travers laquelle on voyait seulement percer çà et là quelques rochers de couleur noire; une nappe de glace s'étendait depuis le continent jusqu'à trois et quatre lieues en mer, de sorte qu'on ne pouvait en approcher.

Les bâtimens furent encore arrêtés le 22 par les glaces, et y restèrent trois jours. Le 25 au matin, ils avancèrent jusqu'à 75° 21′. Ils voyaient devant eux une mer plus libre, ils espéraient y naviguer bientôt plus tranquillement; mais tout-à-coup les glaces se resserrèrent autour d'eux, et les emprisonnèrent de nouveau. Le 28, ils parvinrent à 75° 30′, et ils étaient alors au nord, de tous les bâtimens, occupés de la pêche de la baleine dans la baie de Baffin.

Le 1.er août, ils n'étaient encore que par 75° 48′ de latitude et 61° 30′ de longitude; le vent chassait la glace au nord-est, et ils avaient l'espoir de s'élever jusqu'à une latitude plus septentrionale, les Esquimaux leur ayant assuré que, l'année précédente, toute cette partie du détroit était libre de glaces.

Le 9 août, ils étaient, près du cap Dudley Digges, amarrés à une montagne de glace depuis deux jours; ils venaient de pousser au large, lorsqu'ils virent des hommes venir de l'intérieur vers le bord de la mer, dans des traîneaux attelés de chiens. Aussitôt on vira de bord, et l'on mit un canot à la mer; mais à peine les Anglais eurent-ils abordé, que les Esquimaux s'enfuirent. Comme on désirait beaucoup communiquer avec ce peuple, l'Esquimau que les Anglais avaient avec eux courut après les fuyards, et les atteignit après avoir fait trois milles sur la glace. Il dit qu'il pouvait lier conversation avec eux, puisque de part et d'autre on se comprenait. Ils lui demandèrent d'abord si tous ces gens qu'ils voyaient venaient du soleil ou de la lune : l'Esquimau leur répondit que c'était d'un grand pays situé bien loin dans le sud. Ils répliquèrent que cela ne se pouvait pas, parce qu'il n'y avait au sud que des glaces inhabitables. L'Esquimau eut bien de la peine à les convaincre de leur erreur et à leur persuader que les Anglais n'étaient pas des hommes descendus de quelque planète. D'abord leur surprise fut extrême à chaque objet qui frappa leurs yeux. Il fallut beaucoup de temps pour leur faire perdre l'idée que les vaisseaux étaient des animaux doués de la faculté de parler. Quand on leur dit qu'ils étaient de la nature des maisons, ils répliquèrent que cela ne se pouvait pas, puisqu'ils allaient et venaient, tandis que les maisons étaient immobiles. Ils maniaient sans cesse les vêtemens de l'équipage, et ne pouvaient concevoir de quelles peaux ils étaient faits. Les leurs consistaient uniquement en dépouilles d'animaux. Ils ne connaissaient pas l'usage du pain ni du grain. On les engagea à mettre un morceau de pain dans leur bouche; ils le mâchèrent quelque temps, et le rejetèrent comme insipide. Il paraît qu'ils se nourrissent principalement de phoques, de poissons et de francolins. Ils n'avaient jamais vu de bois de charpente, et n'en concevaient pas la propriété. En ayant aperçu un gros morceau, un d'eux essaya de le prendre comme un corps léger. Un autre descendit dans la cabane; on le mit devant un miroir, il recula de surprise; ce ne fut qu'après des assurances et des expériences répétées qu'on lui fit concevoir qu'il n'y avait personne derrière le miroir. Il a paru qu'ils n'avaient aucune idée d'un dieu ou d'un état futur; il semble aussi qu'ils n'ont pas d'ennemis et qu'ils se regardent comme les seuls habitans de la terre.

Ces hommes, comme tous ceux chez lesquels les navigateurs européens ont abordé pour la première fois, prenaient sans scrupule tous les objets qui étaient à leur portée, mais ils le faisaient maladroitement; ils cachaient mal ce qu'ils avaient dérobé, et ne cherchaient pas à en défendre la possession. Il paraît que l'Esquimau embarqué sur l'*Isabelle* a fait des dessins du costume de ces sauvages. Il est assez plaisant de voir un Esquimau servir de dessinateur sur un bâtiment anglais.

On fut très-surpris de trouver entre les mains de ces Esquimaux des instrumens de fer, et l'on était porté à en conclure qu'ils avaient eu, n'importe à quelle époque, des communications avec quelque nation européenne. Mais on apprit bientôt que le fer était une production indigène de ce pays, car on en découvrit une masse énorme à la surface de la terre. On en rapporta un fragment en Angleterre, et l'analyse qui en a été faite a prouvé, dit-on, qu'il s'y trouve trois centièmes de nikel, circonstance d'autant plus étonnante, que le nikel ne s'est jamais trouvé joint avec le fer que dans un fragment apporté de Russie par le professeur Pallas, et que les Académies royales de Londres et de Paris déclarèrent météorique ou tombé des nues. Il est donc probable que celui qui a été trouvé à la baie de Baffin a la même origine.

Le capitaine Ross a rapporté un traîneau de ces Esquimaux, construit entièrement avec des os, quatre chiens et deux chiennes qui, par la tête et la queue, ont quelque ressemblance avec le renard, et un fouet qui sert à les conduire, avec d'autres objets d'histoire naturelle, qui sont déjà déposés dans le muséum britannique. Les chiens sont de diverses couleurs, très-dociles et couverts de forts longs poils. On en a tué un pour l'empailler.

La mer s'étant ouverte, on profita du vent qui se mit à souffler, et l'on fit route au nord. L'on n'était pas encore avancé beaucoup, lorsque l'aspect de la neige couverte de larges taches d'un rouge foncé, sur les flancs des montagnes, attira l'attention des Anglais; ils virent avec surprise qu'elle conservait la même apparence sur une étendue de près de douze milles. Ayant débarqué près d'une de ces taches, ils ramassèrent une certaine quantité de cette neige pour la rapporter en Angleterre. Elle y arriva convertie en eau d'un rouge foncé, qui dépose un sédiment terreux et rougeâtre. On fit toutes sortes de conjectures sur la cause de ce phénomène; on l'attribuait au fer météorique et au nikel; mais l'analyse a fait reconnaître que ce beau rouge est tout simplement dû aux excrémens des oiseaux aquatiques. On en voit effectivement des myriades couvrir la glace et la neige dans ces parages; il n'y a pas d'exagération à dire que, lorsqu'ils s'envolent, ils obscurcissent le ciel. Les Anglais en tuèrent des quantités innombrables; l'équipage s'en nourrit, et l'on en mit dans des barriques avec des couches de glace pour les conserver.

Après avoir doublé le cap Duddley Digges, l'on aperçut une rade ou détroit. On supposa que cette ouverture était la même que celle à laquelle Baffin donna le nom de *Wolstenholm's Sound;* mais le peu de profondeur de l'eau et la glace qui remplissait cette ouverture ne laissèrent aucune espérance de trouver un passage dans cet endroit : en conséquence, on passa à environ quinze à vingt milles de distance. Le *Whale Sound* ne répondit pas mieux à l'objet que l'on avait en vue. Plusieurs personnes, pensèrent qu'il convenait de s'approcher d'un autre enfoncement nommé par Baffin *Sir Thomas Smith's Sound,* et situé à l'extrémité nord-ouest de la baie : il présentait une ouverture très-large; mais on le laissa à cinquante ou soixante milles. La terre courait au sud-ouest; on la prolongea dans cette direction, mais à un si grand éloignement, qu'on ne l'apercevait que par intervalles quand le temps était clair : il le devint assez pour permettre de voir une autre ouverture. On reconnut alors que c'était l'*Alderman Jones's Sound* de Baffin. Le temps était généralement doux et agréable, et la mer, dans la partie supérieure de la baie, entièrement libre de glaces, à l'exception de quelques montagnes isolées, tantôt flottantes, tantôt fixes.

Le 30 août, par 74° 30' de latitude, on trouva tout-à-coup cent cinquante, puis cent soixante, enfin sept cent cinquante brasses de fond. On était vis-à-vis le *Sir James Lancaster's Sound,* ouverture qui a au moins cinquante milles de largeur de la pointe nord à la pointe sud. On conçut alors les plus vives espérances, et l'on se flatta d'avoir trouvé le *passage au nord-ouest;* mais après avoir fait environ dix lieues dans cette ouverture, dont l'eau était entièrement libre de glaces, l'*Isabelle* aperçut la terre au fond de l'entrée, les bâtimens ayant encore six cent cinquante brasses de profondeur.

En passant près de la pointe méridionale du *Lancaster's Sound*, la profondeur de l'eau était augmentée jusqu'à mille brasses. On débarqua, tout près de cette pointe, sur une jolie plage sablonneuse en pente, au fond d'une petite baie, dans laquelle se jetait une rivière large d'environ deux cents pieds, et dont l'eau montait jusqu'aux genoux. Le terrain bas sur lequel elle coulait était dégagé de glaces, et paraissait couvert d'un sol assez bon, où croissait une grande variété de plantes. On trouva sur ses bords une branche de sapin de cinq pouces de diamètre, et un morceau d'écorce de bouleau. On ne manqua pas, à la cérémonie, de prendre possession du pays au nom du roi de la Grande-Bretagne. La vallée était entourée de montagnes aiguës : la neige éparse sur leurs flancs faisait seule soupçonner que l'on se trouvait sous une latitude si élevée; car, en regardant au large, on n'apercevait pas la moindre particule de glace.

On aperçut ensuite plusieurs ouvertures au sud-est; mais l'on n'en examina aucune. La mer était libre et le temps assez doux, mais rarement clair. Vers 70° de latitude, on rencontra la plus grande montagne de glace que l'on eût encore vue; elle avait à peu près deux milles de long et autant de large : on estima son poids à trente millions de tonneaux. Un grand ours blanc, placé sur le sommet, voyant les Anglais s'avancer vers lui pour l'attaquer, se précipita de cinquante pieds de hauteur dans l'eau. On continua à côtoyer la terre jusqu'au cap Walsingham, qui forme la côte septentrionale de l'entrée du détroit de Cumberland, dans lequel Davis parcourut cent quatre-vingts milles. On voyait très-fréquemment des aurores boréales qui étaient d'une magnificence imposante, mais on ne reconnut pas qu'elles produisissent une influence sensible sur l'aiguille magnétique.

En partant du cap Walsingham, situé par 66° de latitude et 84° de longitude est, on fit voile pour l'île de la Résolution, à l'entrée du détroit d'Hudson, et enfin pour l'Angleterre. Les deux bâtimens arrivèrent, le 30 octobre, en bon état, à Brassa Sound Lerwick, dans les îles Shetland. Ils n'avaient pas perdu un seul homme, et n'avaient pas même eu un seul malade.

Le capitaine Ross s'est assuré, dit-on dans un écrit semi-officiel, qu'il n'existe dans la baie de Baffin aucun passage pouvant servir de communication entre cette vaste mer et le grand Océan, la totalité de cette immense étendue d'eau étant bornée par des terres très-hautes. Néanmoins quelques officiers ont pensé que toute la côte, à partir du Wolstenholme's Sound, en faisant le tour de la baie jusqu'à la côte septentrionale du Labrador, est tellement coupée d'entrées et de canaux, que la terre, à l'ouest du détroit de Davis, doit, d'après l'apparence qu'elle présente, former un immense groupe d'îles ou archipel au-delà duquel est la mer polaire. C'est à l'expérience à décider si quelqu'un de ces canaux est navigable.

Le capitaine Ross, après avoir exploré toutes les parties de la baie de Baffin, s'est convaincu de la justesse de la description que nous en a laissée l'habile et intrépide navigateur dont elle porte le nom. A l'exception de quelques erreurs en longitude et en latitude, les détails qu'il donne correspondent exactement avec les observations faites par l'*Isabelle* et l'*Alexander;* ce qui est d'autant plus digne de remarque, que Baffin, comme on l'a noté dans l'article qui le concerne, n'a pas lui-même publié le journal de son voyage. Ainsi, parmi les retranchemens que l'éditeur lui a fait subir, quelques-uns ont pu porter sur des points essentiels, et peut-être, dans ce qu'on a laissé, se sera-t-il glissé des erreurs dont Baffin ne doit pas répondre.

Il ne reste plus maintenant qu'à découvrir jusqu'où s'étend la baie Repulse de Middleton, et à reconnaître, dans le nord, si le Groënland est une île ou s'il fait partie du continent américain. L'Angleterre arme, dit-on, une nouvelle expédition destinée pour le nord. Les géographes, et en général les amis des sciences, font des vœux pour que ses résultats puissent enfin jeter du jour sur ces points encore obscurs.

La *Dorothée*, malheureux bâtiment qui avait fait le voyage de Congo avec le capitaine Tuckey, ne partit des îles Shetland que le 27 mai, accompagnée du *Trent*. Ils rencontrèrent les premières glaces près de l'île Cherry, située à environ cent cinquante milles au sud de Spitzberg : elle est petite, et consiste en rochers aigus et très-hauts, qu'on dirait avoir été séparés les uns des autres par quelque violente commotion de la nature. Quelques jours avant de voir les glaces, on avait éprouvé un changement considérable dans la température, le thermomètre étant tombé presque tout-à-coup à 32° (0), et un peu au-dessous; il descendit même, vers la fin de mai, jusqu'à 18 et 14° (-6°22 -7°99). Les bâtimens ne tardèrent pas à découvrir le Spitzberg, et firent route pour en passer à l'ouest; mais ils furent arrêtés par une immense barrière de glace qui se prolongeait de toutes parts aussi loin que la vue pouvait s'étendre, et qui fermait toutes les baies. La *Dorothée* parvint pourtant presque au 80.ᵉ degré de latitude; mais comme elle avait été séparée du *Trent* par un fort coup de vent, elle revint sur ses pas pour le rejoindre, et le revit effectivement le lendemain.

Ils entrèrent alors dans la baie de la Madeleine par 79° 33′ de latitude, et se dirigèrent ensuite à l'ouest, en côtoyant la glace, qui leur offrait partout une masse solide. Le 10 juin, ils rencontrèrent quelques bâtimens faisant la pêche de la baleine, et apprirent d'eux qu'ils ne pouvaient pas espérer de s'avancer au nord par l'ouest. L'opinion unanime des capitaines de tous les vaisseaux était qu'ils devaient se diriger plein nord en côtoyant le Spitzberg. D'après cet avis, qui se trouva conforme à celui de leurs pilotes, la *Dorothée* et le *Trent* retournèrent sur leurs pas, et eurent quelque temps l'espérance de pouvoir s'avancer au nord par l'est, la mer paraissant plus libre de ce côté, mais ils ne tardèrent pas à se trouver complétement enfermés par des masses énormes de glaces.

Ils restèrent dix à douze jours dans cette situation, et ne changeant de position que lorsque le courant les entraînait avec les glaces, ce dont ils ne s'apercevaient que par la différence d'aspect que leur présentait le Spitzberg, dont ils étaient éloignés de neuf à dix lieues. Un coup de vent ouvrit enfin la barrière fermée autour d'eux, et leur permit de sortir de cette position dangereuse.

Ils suivirent alors les bords de la glace, cherchant une ouverture pour s'avancer au nord; et, n'en trouvant point, ils mouillèrent le 26 juin dans Fair-Haven, située entre les îles de Vogel Sang et de Cloven Cliff, sur la côte du Spitzberg. Ils virent sur ces îles des troupes nombreuses de rennes, et ils aperçurent sur la glace une immense quantité de morses couchés en troupes; ils ressemblaient de loin à un troupeau de bestiaux: il y en avait d'une grosseur monstrueuse. Les Anglais en tuèrent un qui pesait deux mille livres. Ces animaux exhalaient une odeur insupportable; et dès qu'on les avait écorchés on s'empressait d'en jeter les corps à la mer. Leur cuir est fort épais; on en garnissait l'extérieur des vaisseaux pour empêcher le frottement des glaces. On tua un grand nombre de rennes. On vit aussi plusieurs ours blancs, mais on n'en tua qu'un seul.

Après être restés huit jours à l'ancre dans Fair-Haven, les bâtimens remirent en mer et s'avancèrent au nord par l'est. Ayant découvert quelques ouvertures partielles dans la glace, ils parvinreut à y passer, et arrivèrent à 80° 32′. Là, ils se trouvèrent encore entourés et enfermés par les glaces : ils restèrent trois semaines dans cet état. Enfin, à force de travail et de fatigue, ils parvinrent à s'en dégager le 29 juillet, et gagnèrent des eaux moins embarrassées par les glaces. Ils s'applaudissaient de leur bonheur, et ne songeaient guère à la catastrophe qui les menaçait.

Ils étaient déjà à neuf ou dix milles de distance des masses énormes, du milieu desquelles ils venaient de sortir, quand, le 30 juillet, à quatre heures du matin, un ouragan épouvantable les repoussa de ce côté sans qu'il leur fût possible de faire aucune manœuvre pour échapper. Ils furent irrésistiblement entraînés vers ces montagnes de glace, contre lesquelles ils devaient indubitablement se briser s'ils les heurtaient. Il ne restait qu'un parti à prendre, c'était celui de mettre toutes voiles dehors, d'arriver sur les glaces, et de chercher à s'y frayer de force un passage. La *Dorothée* en montra l'exemple, le *Trent* le suivit. Le moment où ils approchèrent des glaces fut terrible. Le vent redoublait de fureur, la mer roulait des montagnes d'eau qui s'élevaient au-dessus des mâts, et couvraient à chaque instant le pont des deux bâtimens; enfin ils entrèrent au milieu des glaces. Un craquement épouvantable fit frémir les marins les plus intrépides. Les vaisseaux n'auraient pas résisté à ce premier choc, s'ils n'eussent été d'une solidité à toute épreuve. La force du vent, secondée par les voiles, les aida à pénétrer dans les glaces; mais elles étaient si serrées les unes contre les autres, et d'une grosseur si prodigieuse, qu'il se passa une demi-heure avant qu'ils y eussent avancé de trois fois leur longueur.

Enfin ils se trouvèrent une troisième fois arrêtés au milieu des glaces, mais avec cette différence, qu'ils avaient considérablement souffert de la pression que leur avaient fait éprouver les montagnes qui les avaient entourés. La *Dorothée* surtout était tellement endommagée, qu'elle fut obligée de faire jouer toutes ses pompes sans interruption, pour ne pas couler à fond. Heureusement le vent se calma, la matinée du lendemain fut belle, les glaces se séparèrent assez pour livrer passage aux deux vaisseaux, qui parvinrent à gagner la baie de Smeerenberg dans le Spitzberg. Ils y passèrent tout le mois d'août à se radouber. Le *Trent* fut bientôt en état de tenir la mer, mais la *Dorothée* avait éprouvé des avaries si considérables, qu'on jugea que la prudence exigeait que le *Trent* ne mît pas à la voile avant elle, de crainte qu'il ne lui arrivât quelque accident en route. Les deux bâtimens quittèrent donc ensemble la baie de Smeerenberg au commencement de septembre, et arrivèrent sur les côtes d'Angleterre le 10 octobre.

Pendant leur séjour dans la baie de Smeerenberg, on fit des expériences intéressantes sur le pendule, et des observations astronomiques qui seront utiles à la science nautique. On examina l'intérieur et les côtes du Spitzberg, ce qui mettra à même de donner des détails étendus sur son histoire naturelle.

SUPPLÉMENT.

N.° I.

Voyage de M. Buchan dans l'intérieur de Terre-Neuve.

Depuis le premier établissement des pêcheries sur les bancs de Terre-Neuve, l'on n'a eu que peu de communications avec les habitans indigènes de cette grande île ; on regardait même comme douteux qu'il s'y en trouvât qui eussent des demeures fixes : beaucoup de personnes pensaient que les hommes qu'on y aperçoit quelquefois sur la côte occidentale n'y venaient dans leurs canots, en traversant le détroit de Belle-Isle, que pour y chasser ou y pêcher. Un Européen rapporta pourtant, dans l'automne de 1810, qu'il avait découvert une espèce de magasin des naturels du pays, sur les bords de la rivière des Exploits. D'après cet avis, sir John Duckworth ordonna au lieutenant, aujourd'hui capitaine Buchan, d'aller avec la goëlette l'*Adonis* à la baie des Exploits, et de faire une excursion dans l'intérieur pour ouvrir des relations avec les indigènes, si l'on en rencontrait. Ce bâtiment se trouva arrêté par les glaces dans la baie, et, le 12 janvier 1811, M. Buchan se mit en marche par terre en remontant la rivière des Exploits : il avait avec lui vingt-quatre hommes de son équipage et trois guides. Après avoir fait environ cent trente milles, il découvrit des cabanes, et y surprit leurs habitans, au nombre de soixante-dix individus : il eut de la peine à calmer leur extrême frayeur ; enfin il y réussit, et la bonne intelligence s'établit. Quatre hommes, parmi lesquels était le chef de ces Indiens, acceptèrent l'invitation du capitaine de l'accompagner avec sa troupe jusqu'à un endroit où il fit entendre par signes, à ces gens, qu'il avait laissé des présens qu'il leur destinait.

La confiance était alors réciproque, et

même si grande, que deux hommes de l'équipage de M. Buchan demandèrent à rester avec les Indiens, jusqu'à ce qu'il revînt avec les présens. Ils en obtinrent la permission, et M. Buchan partit avec le reste de ses gens et les quatre Indiens. Ils firent environ six milles, et arrivèrent à l'endroit où ils avaient passé la nuit précédente. Le chef alors refusa d'aller plus loin, et se retira avec un des Indiens, donnant ordre aux deux autres de continuer à suivre M. Buchan. Arrivés près de l'endroit qui devait être le but de leur voyage, l'un d'eux fut frappé d'une terreur panique et prit la fuite. Le caractère de son compagnon était tout différent; il continua à montrer la plus grande confiance dans ses nouveaux amis, persista dans sa résolution, fit gaiement signe aux Anglais de continuer leur route sans se mettre en peine de son camarade, et semblait presque mécontent du geste par lequel M. Buchan lui donna à entendre qu'il était libre de s'en aller aussi s'il le désirait. Les Anglais, rendus au lieu où ils avaient établi leur dépôt, y passèrent une nuit, et en repartirent ensuite avec les présens destinés aux Indiens. Celui qui était resté avec eux ne changea pas de conduite ; il montra toujours une généreuse confiance, et inspira à M. Buchan une véritable estime.

En arrivant aux cabanes, ils les trouvèrent abandonnées. Cette circonstance parut inspirer de vives alarmes à l'Indien. M. Buchan, pour le rassurer, ordonna de lui laisser la plus grande liberté, traitement qui parut ranimer sa confiance et son courage. On passa la nuit près des cabanes, et l'on se remit en marche le lendemain matin. Après avoir fait environ un mille, M. Buchan, qui était un peu en avant de sa troupe, vit l'Indien prendre la fuite en arrière, en poussant de grands cris, et en courant avec une vitesse qui rendait toute poursuite inutile. Il en comprit bientôt la cause, quand il aperçut les corps des deux hommes qui étaient restés avec les naturels, étendus sur la place, nus, percés de flèches, et auxquels on avait coupé la tête. Il est évident que l'Indien, qui avait pris la fuite à l'endroit où ils avaient été chercher les présens, avait donné l'alarme à sa peuplade, et il est à croire que, pour justifier son retour et sa lâcheté, il leur avait conté quelques mensonges qui les avaient peut-être déterminés à un acte de cruauté qu'ils regardaient sans doute comme une juste vengeance.

Voici un extrait du journal de M. Buchan.

JOURNAL.

Samedi 12 *janvier* 1811. — J'avais terminé tous mes arrangemens la veille, et fait tous mes préparatifs pour tâcher de parvenir à avoir une entrevue avec les naturels de Terre-Neuve. J'employai comme guides, pour ce service, Guillaume Cull et Mathieu Hughster; je pris vingt-trois hommes et un mousse de l'équipage de la goëlette que je commandais, et j'y joignis Thomas Taylor, homme au service de M. Miller, qui connaissait parfaitement cette partie du pays.

Les provisions, les armes et tout ce qui nous était nécessaire, en y comprenant des présens pour les Indiens, furent placés sur douze traîneaux, et consistaient dans les objets suivans : huit cent cinquante livres de pain, cent livres de sucre, trente-quatre livres de cacao, six cent soixante livres de porc et trente de bœuf salé, soixante gallons d'eau-de-vie, trente livres de riz, six livres de thé, sept fusils de marine, trois fusils de chasse, six pistolets, six coutelas, des cartouches et des munitions, dix haches, et des instrumens de cuisine, trente couvertures de laine, dix-huit chemises de flanelle, vingt-six petites haches, dix pots d'étain, du fil, des aiguilles, des couteaux et d'autres bagatelles destinées aux Indiens; une voile et des prélarts pour couvrir les traîneaux; des souliers de rechange, des bottines et vingt-huit havresacs. Le tout formait un poids de trois mille six cent vingt livres, indépendamment d'une petite quantité de bagage pour chaque personne.

13. — Grand vent du nord-ouest. A sept heures du matin, nous quittâmes la goëlette et traversâmes le bras de la rivière des Exploits, qui nous séparait de la pointe du Petit-Pierre. Le temps était très-froid, et la neige si glissante, qu'il était difficile de tirer

les traîneaux. Après avoir tourné cette pointe, nous fûmes à l'abri du vent jusqu'à la pointe Wigwam, qui est à deux milles plus loin au nord. A trois heures après midi, nous arrivâmes près des restes d'une maison que William Cull avait occupée l'hiver précédent: nous y passâmes la nuit, n'ayant fait qu'environ huit milles en huit heures de temps. Il tomba de la neige à plusieurs reprises pendant la nuit, qui fut si froide que pas un de nous ne put fermer l'œil.

14. — Vent de nord-ouest; froid âpre et perçant. Nous nous remîmes en route dès l'aurore, sans regret de quitter un lieu où nous avions passé une si mauvaise nuit. Après avoir fait deux milles, nous vîmes les îles de Nutt, qui sont au nombre de quatre, situées au milieu de la rivière. Un mille plus loin se trouve la première chute d'eau, ou petite cataracte. Aussi loin que l'œil pouvait s'étendre sur la rivière, on n'apercevait que de la glace, mais une glace si raboteuse, qu'il paraissait impossible d'y faire passer les traîneaux. Déterminé à ne céder qu'à des obstacles insurmontables, j'allai en avant

avec les guides, et nous choisîmes le passage qui nous parut le plus praticable. A trois heures après midi, nous arrivâmes à la rive du Nord, et nous rangeâmes nos traîneaux autour du feu, pour nous faire un abri. Cette journée fut très-fatigante, quoiqu'elle n'eût été que de sept milles. L'excès de la fatigue et une nuit un peu moins froide procurèrent quelques heures de sommeil à l'équipage. Nous laissâmes en cet endroit un tonneau contenant du pain, du porc, du cacao et du sucre pour deux jours, afin de le reprendre à notre retour.

15. — Vent frais, variant de l'ouest-nord-ouest au nord-nord-ouest, avec de la neige de temps en temps. La rivière formait des détours de l'ouest au nord-ouest. A trois heures après midi, nous fîmes halte sur la rive septentrionale, pour y passer la nuit, un peu au-dessus d'un ruisseau qui s'y jette. Au sud, nous découvrîmes un canot; je le reconnus pour appartenir à un habitant du Canada qui avait demeuré à la pointe Wigwam. Cette journée nous offrit les mêmes difficultés que la précédente, étant souvent

obligés d'envoyer un détachement en avant pour aplanir et couper en quelque sorte les éminences de glace pour faire passer les traîneaux d'un golfe à un autre et pour remplir les creux dans lesquels ils se seraient brisés par la violence de la chute. Malgré tous nos soins, ils souffrirent beaucoup du frottement continuel, et, dans la soirée, la plupart eurent besoin de réparations. Nous nous barricadâmes de notre mieux autour d'un bon feu; l'équipage parut plein d'ardeur pendant le souper; la nuit fut assez douce, et, grâce à la fatigue, on dormit assez bien. Nous avions fait environ sept milles.

16. — Grand vent du nord-ouest avec une gelée très-vive. Nous nous mîmes en marche avec le jour. Plusieurs traîneaux se rompirent, ce qui nous fit perdre beaucoup de temps. A onze heures du matin, nous découvrîmes deux vieilles cabanes sur la rive septentrionale de la rivière; elles ne paraissaient pas avoir été habitées depuis long-temps, mais c'était une indication que des naturels y avaient été. A deux heures et demie après midi, étant arrivés à la grande

chute d'eau, nous gagnâmes la rive septentrionale. Tandis que l'équipage préparait le feu et l'abri dont nous l'entourions toujours, j'allai en avant avec Cull et Taylor pour chercher un sentier par où passent les Indiens pour transporter leurs canots de l'autre côté de la cataracte. Taylor n'étant pas venu en cet endroit depuis plusieurs années, ne savait plus où le trouver. Nous le découvrîmes enfin après une ennuyeuse recherche. Nous y vîmes des marques prouvant que des Indiens y avaient passé depuis peu, mais en petit nombre, à ce qu'il paraissait. La soirée avançant, nous revînmes sur nos pas et nous rejoignîmes l'équipage. La nuit fut la plus douce que nous eussions encore eue, et nous n'en reposâmes que mieux. Je laissai du pain, du porc, du cacao et du sucre pour deux jours, et quatre gallons de rhum.

17. — Vent de sud-est, temps froid, verglas. Nous commençâmes cette journée par faire faire à nos traîneaux des circuits au milieu de rocs escarpés, qui forment la partie inférieure de la chute d'eau. Mais nous n'avions pas fait plus d'un mille, que nous

nous trouvâmes obligés de les décharger, et de transporter toute leur charge à bras, au-dessus d'une pointe de terre qui, s'avançant perpendiculairement dans la cataracte, ne permettait pas à la glace de s'attacher à ses bords. Après avoir rechargé les traîneaux de l'autre côté, et avoir fait un tiers de mille, nous arrivâmes près d'une colline escarpée, où commençait le sentier des Indiens; il fallut encore décharger nos traîneaux. Laissant l'équipage s'occuper de cette opération, j'avançai avec Cull et Taylor pour reconnaître l'autre extrémité du sentier. Arrivés à un marais, ce fut avec peine que nous pûmes le retrouver; nous y parvînmes pourtant, et nous rejoignîmes la rivière au-dessus de la cataracte. Ce sentier parcouroit un mille et un quart de terrain. Nous avançâmes encore deux milles plus loin; après quoi, nous revînmes sur nos pas. A midi, le vent tourna au sud-est, et il tomba une forte pluie. J'envoyai une division en avant pour préparer du feu au bout du sentier. A trois heures après midi, tout le bagage léger s'y trouvait transporté, ainsi que nos armes, et nous laissâmes les traîneaux à mi-chemin dans le sentier; de sorte qu'après huit heures de fatigues, nous n'avions guère fait qu'un mille et demi. Il continua à pleuvoir assez fort jusqu'à neuf heures du soir; alors le vent ayant tourné à l'ouest, l'atmosphère s'éclaircit, et l'équipage, après avoir fait sécher ses vêtemens, s'endormit.

18. — Vent de l'ouest-nord-ouest, temps froid. Laissant à l'équipage le soin de recharger les traîneaux, je marchai en avant avec les guides; nous reconnûmes la nécessité de pratiquer un sentier d'environ cinquante toises pour passer sur une pointe que les traîneaux ne pouvaient tourner, parce que la glace n'était pas assez forte à l'entour. A dix heures et demie, nous tournâmes une baie, laissant à notre gauche plusieurs petites îles. Le chemin était bon, excepté dans certains endroits où la glace avait peu d'épaisseur et était souvent couverte d'eau, de sorte que nous eûmes la plupart les pieds mouillés. A deux heures et demie, nous arrivâmes dans une anse, sur la rive nord. Nous nous y arrêtâmes, parce que nous n'au-

rions pu arriver avant la nuit dans un autre endroit, où il y aurait eu du bois à brûler. La rivière forme. là une baie de chaque côté, laissant entre elles un espace d'environ un mille et demi, dans lequel sont plusieurs îles.

Ayant donné ordre de préparer un bon feu, bien abrité, et de faire aux traîneaux les réparations nécessaires, j'allai, avec Cull, à deux milles plus loin, jusqu'à un endroit nommé *Rushy Pond Marsh*, où il avait été l'hiver précédent; nous n'y trouvâmes plus deux cabanes qu'il y avait vues. Les arbres, depuis cet endroit jusqu'à la rivière, étaient marqués, et, en quelques endroits, joints par une sorte de haie; dans une assez longue étendue de marais, les branches des arbrisseaux étaient attachées ensemble dans une direction particulière, de manière à guider naturellement les orignals vers la rivière. Nous tuâmes deux perdrix, et nous allâmes rejoindre nos gens, en passant par l'intérieur du pays.

19. — Vent d'ouest, modéré, mais très-froid. Nous voyageâmes toute la journée sur

une neige qui n'était point battue; ce qui rendait le tirage des traîneaux fort pénible. Nous fîmes deux milles sur une glace raboteuse pour gagner un bois qui était sur la rive du sud, tout le bois du côté du nord ayant été brûlé. Nous nous arrêtâmes à quatre heures après midi sur le bord d'un ruisseau, où nous laissâmes du pain, du porc, du sucre et du cacao pour deux jours. Pendant toute cette journée, nous trouvâmes la rivière complétement couverte de glace partout. Nous passâmes près de plusieurs îles; nous vîmes un renard, et nous tuâmes une perdrix. Nous fîmes environ dix milles, et nous eûmes une nuit passable.

20. — Vent d'ouest nord-ouest, temps froid. Nous nous remîmes en route au lever de l'aurore. Deux de nos traîneaux se brisèrent en passant sur une glace inégale. A midi, le soleil brilla, le temps devint chaud et serein. A quatre heures après midi, nous nous arrêtâmes sur une île, à deux milles au-delà de *Badger bay Brook* (du ruisseau de la baie du Blaireau), qui se jette dans la rivière des Exploits, du côté du nord. Nous

y vîmes des débris d'une chaumière. En remontant ce ruisseau, de même que de l'autre côté de la rivière, on voit des haies pendant plusieurs milles ; il y en a une qui s'étend dans la direction de l'ouest, dans l'île où nous nous arrêtâmes. Nous calculâmes que nous étions à douze milles de notre dernière couchée.

21. — Vent d'ouest, temps froid. Nous partîmes à la pointe du jour. A midi, nous trouvâmes beaucoup de difficulté à traverser une glace très-unie, mais coupée par plusieurs fentes, larges et profondes, causées par une chute d'eau. Nous parvînmes pourtant à y faire passer les traîneaux ; et, ayant remonté la chute d'eau, nous trouvâmes, sur les bords de la rivière, assez de glace pour les porter. A trois heures et demie, nous terminâmes notre marche, après avoir fait au moins onze milles ; sept, depuis l'île où nous avions couché la nuit précédente jusqu'à la chute d'eau, et plus de quatre depuis ce dernier endroit. Dans les endroits où les bords de la rivière n'étaient pas assez escarpés, on les avait garnis de haies, depuis

la chute d'eau en remontant, pour empêcher les orignals, en sortant de l'eau, de prendre terre ailleurs que par des ouvertures pratiquées à dessein. Nous rechargeâmes les traîneaux, dont deux se trouvaient entièrement hors d'état de servir, et nous laissâmes encore en ce lieu des provisions pour deux jours. Nous eûmes une bonne nuit.

22. — Vent du sud-ouest, temps doux et brumeux. Après avoir fait deux milles, nous vîmes une espèce de magasin sur la rive du sud. Guillaume Cull nous dit que ce bâtiment n'y était pas l'année précédente; il paraissait nouvellement construit, était de forme circulaire, et couvert de peaux d'orignals, dont on voyait des squelettes à peu de distance : deux poteaux étaient enfoncés dans la glace, près de la rivière, comme si des canots y eussent été depuis peu. A quatre milles de là, nous passâmes une île, et, deux milles plus loin, nous tournâmes une baie. Nous vîmes plusieurs ramures d'orignals sur un rocher saillant. Cull me dit que c'était en cet endroit qu'il avait vu, l'année précédente, les magasins dont il avait parlé, mais

il n'en restait aucune trace. On reconnaissait pourtant qu'un bâtiment tel que celui dont il avait fait la description, avait pu occuper un grand espace où le bois avait été coupé, et, à quelques centaines de pas, nous trouvâmes la charpente d'une cabane. Tout près, une peau d'orignal était suspenpendue à un arbre, et, plus loin, un poteau portant le nom de *Rousell*. Un peu plus bas, sur la rive sud, on voyait aussi les débris d'une cabane près de laquelle Cull nous dit qu'était l'autre magasin. Un quart de mille plus loin, une rivière qui paraissait assez considérable venait mêler ses eaux à celle des Exploits, et en face de son embouchure était une île bien boisée.

Nous fîmes encore quatre milles, et alors nous nous arrêtâmes pour la nuit. Cull m'accompagna deux milles plus loin, et nous revînmes au coucher du soleil. Pendant cette journée, nous distinguâmes par intervalles les traces du pied d'un homme qui avait suivi le fleuve en le remontant. Un de nos traîneaux tomba dans l'eau : heureusement c'était sur un bas fond, et rien ne fut perdu.

Nous avions fait environ douze milles, et à peine se trouvait-il sur les bords de la rivière, depuis la dernière chute d'eau, assez de glace pour permettre aux traîneaux d'y passer. Nous trouvâmes encore des haies pratiquées dans les endroits où les naturels veulent empêcher les orignals qui traversent la rivière de prendre terre. Quelques-unes de ces haies ont deux à trois milles de longueur; d'autres se prolongent dans 'intérieur des terres. Je divisai l'équipage en trois pelotons, dont chacun devait tour à tour veiller et rester sous les armes pendant la nuit.

23. — Vent d'ouest, temps froid et désagréable. Nous nous mîmes en route au point du jour. La rivière était libre, et coulait avec rapidité. J'aurais voulu la traverser à gué, présumant que les Indiens habitaient l'autre rive; mais ce fut impossible. A dix heures du matin, ayant fait six milles, et voyant que nous ne pouvions conduire les traîneaux plus loin, je laissai la moitié de l'équipage pour les garder; et, me faisant accompagner de l'autre moitié, nous prîmes

des provisions pour quatre jours, et nous nous remîmes en route. La rivière se dirigeait au nord. Après avoir fait environ quatre milles, nous vîmes, à la rive sud, une trace sur la neige indiquant qu'on y avait traîné un canot, pour le remonter au-delà d'une chute d'eau. C'était le seul indice certain qui nous eût montré, jusqu'à ce moment, que les Indiens avaient passé de ce côté de la rivière, au-dessus du magasin. La rivière était alors plus étroite, tortueuse, et diminuait beaucoup en profondeur. Après avoir traversé plusieurs petits ruisseaux, nous passâmes près d'une île en face de laquelle on apercevait, sur la neige, à la rive sud, les traces d'un sentier conduisant de la rivière à un endroit élevé, où l'on avait récemment coupé des arbres, ce qui prouvait que la demeure des Indiens n'était pas éloignée. Ne pouvant passer la rivière à gué dans cet endroit, nous continuâmes à marcher pendant un mille; et, après avoir doublé une pointe, une vue très-étendue s'offrit tout-à-coup à nos yeux, et nous vîmes un lac immense qui se prolongeait du nord-est au sud-ouest; il était couvert d'une couche de glace très-unie. Nous aperçûmes des traces, mais nous ne pûmes distinguer si c'étaient des pas d'hommes ou de quadrupèdes. En approchant du lac, nous aperçûmes, à sa rive nord-ouest, deux corps qui se mouvaient, sans pouvoir reconnaître si c'étaient des hommes ou des animaux. Je fis sur-le-champ entrer ma troupe dans un bois, pour empêcher qu'on ne la découvrît; et, ayant donné ordre de préparer un endroit pour y passer la nuit, j'allai avec Cull faire une reconnaissance. Ayant côtoyé le bois pendant environ deux milles, nous nous mîmes dans une position d'où nous pouvions observer tous les mouvemens des deux corps que nous suivions des yeux, et nous vîmes que l'un d'eux gagnait considérablement de terrain sur l'autre. Nous ne pouvions pourtant encore être certains que ce fussent des hommes; ce ne fut que quelques instans avant que l'obscurité nous les eût fait perdre de vue, que nous fûmes assurés que le dernier était un homme tirant un traîneau. Nous ne pouvions rien faire de plus avant le lendemain, puisqu'il aurait été impossible de suivre leurs traces dans l'obscurité. En allant rejoindre nos gens, nous vîmes une espèce de pelle près d'un tas de neige ; nous soupçonnâmes qu'on y avait enterré de la venaison ; et, y ayant fouillé, nous y trouvâmes un cœur et un foie qui firent notre souper. Il était nuit quand nous arrivâmes, elle fut très-froide, un tiers de notre troupe fut successivement sous les armes; mais personne ne put dormir.

24. — Vent du nord-est, froid très-piquant. Après avoir déjeûné et bu chacun un petit verre de rhum, nous nous mîmes en marche, à quatre heures du matin, le long de la rive est du lac, dans le plus grand silence. Arrivés au-delà de l'endroit où j'avais perdu de vue les deux Indiens, nous trouvâmes une grande quantité d'os d'orignals, et même des quartiers tout entiers de ces animaux. Tout auprès était un sentier conduisant dans le bois. Présumant que les habitations des Indiens ne devaient pas être bien loin, nous entrâmes dans le bois, et nous y trouvâmes les débris d'une cabane.

Nous souffrions beaucoup du froid, et nous nous mettions de temps en temps à l'abri sous des masses de rochers. Il devint alors nécessaire de traverser le lac pour trouver la trace du traîneau que j'avais vu la veille, ce qui nous exposa plus que jamais à toute la rigueur du froid. Les premiers rayons du jour nous firent apercevoir la trace que nous cherchions. Nous la suivîmes le long du rivage occidental du lac, et elle nous conduisit, au nord-est, à une pointe où se trouvait une vieille cabane, et tournait ensuite vers la rive que nous venions de quitter. Comme il faisait alors grand jour, il était indispensable de marcher avec rapidité pour éviter d'être vu par les Indiens et pour tâcher de les surprendre pendant leur sommeil. Bientôt nous vîmes des canots, et, quelques instans après, nous aperçûmes deux cabanes voisines l'une de l'autre, puis une troisième à environ trois cents pieds de distance.

Ayant examiné nos armes, je commandai à ma troupe d'exécuter avec promptitude tous les ordres que je pourrais lui donner, lui recommandant en même temps de se conduire avec prudence, et surtout d'observer la plus grande réserve envers les femmes. Nous marchâmes alors à grands pas et gardant un profond silence. Nous étant formés en trois divisions, la porte de chaque cabane se trouva investie en même temps. Nous en appelâmes les habitans; n'en recevant aucune réponse, nous levâmes les peaux qui en couvraient l'entrée, et nous vîmes des groupes d'hommes, de femmes et d'enfans, dans la plus grande consternation. Ils restèrent quelques instans comme frappés de stupeur, sans pouvoir parler ni remuer. Mon premier soin fut de les rassurer et de leur inspirer de la confiance; nous y réussîmes, en leur prenant la main et en leur montrant des dispositions amicales. Les femmes m'embrassaient de joie, en voyant les caresses que je faisais à leurs enfans. Leurs alarmes firent bientôt place à la curiosité, et ils examinèrent nos habits avec autant d'attention que de surprise. Ils allumèrent du feu, et nous offrirent des tranches de venaison mêlée avec de la graisse, dont ils font une espèce de gâteau solide, et qu'ils mangent avec le maigre de la viande. Tout annonçait une parfaite cordialité. Nous leur donnâmes des couteaux, des mouchoirs et d'autres petits objets, et ils nous offrirent des peaux en échange. Je regrettais de ne pas comprendre leur langage, et d'avoir laissé, à douze milles de distance au moins, les présens que je leur destinais. Cette dernière circonstance surtout me causa un grand embarras. Je m'efforçai de leur faire entendre que je désirais vivement que quelques-uns d'entre eux nous accompagnassent jusqu'à l'endroit où nous avions laissé nos bagages, et nous aidassent à leur apporter des choses pareilles à celles que nous avions. A la fin, ils parurent nous comprendre parfaitement. Nous avions passé trois heures et demie à tâcher d'établir la bonne intelligence; tout annonçait que nous y avions réussi.

Considérant qu'un plus long séjour avec ces gens était inutile, puisque nous n'avions pas le moyen de leur donner des preuves ultérieures de notre amitié, nous leur fîmes connaître notre intention de partir, et de revenir promptement. Quatre d'entre eux consentirent à nous accompagner. Jacques Butler caporal, et Thomas Bouthland soldat de marine demandèrent à rester pour pouvoir raccommoder leur souliers à neige. Telle était la confiance que mes gens avaient en ces Indiens, que la plupart désiroient d'être laissés avec eux. Je consentis à la demande des deux premiers pour donner preuve de confiance aux Indiens, et je recommandai à tous deux la plus grande prudence.

Ayant de nouveau pris la main de chacun des Indiens, je leur fis entendre, le mieux qu'il me fut possible, l'intention où j'étais de revenir le lendemain matin. Quand nous partîmes, ils montrèrent des signes de satisfaction en voyant que deux de nous restaient avec eux. Ne trouvant rien à l'endroit où nous avions passé la nuit précédente, deux des Indiens se retirèrent, et l'un d'eux, que je regardais comme leur chef, dit aux deux autres de continuer à nous suivre. Ils eurent l'air d'y consentir volontiers, quoiqu'ils montrassent de temps en temps de la méfiance. La rivière faisait de fréquens détours, ses rives étaient étroites; je me trouvais quelquefois à une distance assez considérable des deux Indiens; l'un d'eux, ayant traîné sur les derrières, profita d'une pointe que nous venions de doubler pour s'enfuir à toutes jambes, en appelant son camarade à grands cris. Cet incident me contraria d'autant plus, que nous touchions presque en ce moment à l'endroit où nous avions laissé nos bagages. Je pensai que peut-être ayant vu la fumée du feu allumé par le reste de mes gens, il avait pris l'alarme. Certainement personne de ma troupe n'avait donné lieu à cette conduite, mais cet Indien avait toujours montré des soupçons; il était venu plusieurs fois me regarder en face, comme s'il eût voulu lire mes intentions dans mes yeux. J'avais évité scrupuleusement toute action, tout geste qui eût pu donner la moindre méfiance. Pour m'assurer des dispositions du dernier Indien qui restait avec nous, je lui fis comprendre qu'il était le maître de s'en aller s'il le voulait, mais il parut n'en pas avoir le moindre désir.

A trois heures du soir, nous rejoignîmes le reste de nos gens. L'Indien parut éprouver de la crainte en voyant tant de monde; mais ce mouvement passa bien vîte, et il fut bientôt enchanté de tout ce qu'il voyait. Je lui fis quelques présens, et je lui montrai ceux qui étaient destinés à ses concitoyens, et qui consistaient en couvertures, chemises, haches, couteaux, aiguilles, hameçons, etc.; il en parut très-satisfait. Il se régala de thé et de venaison rôtie, car nous avions rapporté deux quartiers d'orignal. On lui donna une chemise et des pantalons; il s'en revêtit sur-le-champ avec un air de plaisir, évitant avec soin toute indécence en faisant sa nouvelle toilette. N'étant soumis à aucune contrainte, il allait et venait; il témoigna un grand désir d'avoir un morceau du canevas peint qui couvrait nos traîneaux; enfin il se coucha près de moi pendant la nuit.

Je n'étais pourtant pas sans inquiétudes;

je craignais que l'Indien qui nous avait quittés pour retourner parmi ses compagnons, ne les eût déterminés, par peur ou par de faux rapports, à quitter leurs cabanes et à venir épier nos mouvemens. J'avais aussi quelques alarmes pour la sûreté des deux hommes que j'avais laissés avec eux; mais je cherchai à les dissiper, en songeant qu'ils ne voudraient probablement leur faire aucun mal avant de voir si nous reviendrions avec le quatrième Indien ; d'ailleurs j'étais certain que la conduite du caporal et du soldat de marine ne donnerait aux Indiens aucun sujet de plainte.

25. — Vent violent du nord-nord-est, et grésil. Nous ne laissâmes, en partant, que huit hommes à la garde des traîneaux. Lorsque nous arrivâmes près du lac Gelé, nous y vîmes, par les traces de trois hommes, qu'ils l'avaient traversé pour passer de l'autre côté de la rivière. La violence du vent, la neige et le grésil qu'il chassait, rendaient notre marche très-pénible; le brouillard était quelquefois si épais, que nous ne pouvions nous distinguer les uns les autres à très-peu de distance.

Lorsque nous fûmes arrivés à un demi-mille des cabanes, l'Indien qui marchait tantôt en avant, tantôt à mes côtés, me fit voir une flèche dont la pointe était enfoncée dans la glace. Nous vîmes aussi les traces récentes d'un traîneau. A deux heures après midi, nous arrivâmes aux cabanes, et mes craintes ne se vérifièrent malheureusement que trop. Nous les trouvâmes désertes; il n'y restait que des peaux d'orignal : une grande quantité de venaison avait été emportée à quelque distance, et enterrée dans la neige. Des traces conduisaient dans le bois, mais n'allaient pas bien loin.

N'apercevant aucunes marques de violence, j'espérai que mes premières conjectures se réaliseraient, et que nous n'aurions à déplorer aucun malheur. Cependant toutes les actions de notre Indien indiquaient la plus grande inquiétude. En sortant d'une cabane pour entrer dans une autre que je jugeai plus commode, j'avais ordonné d'emporter le feu de la première pour en allumer dans la seconde : dès que l'Indien vit un de mes gens sortir un tison enflammé à la main, sa terreur ne connut plus de bornes, et il fit tous ses efforts pour l'empêcher de l'emporter, s'imaginant sans doute que nous allions incendier les cabanes et six canots qui se trouvaient là, ou enfin le brûler lui-même. De temps en temps il regardait à travers les fentes de la cabane pour voir ce qui se passait au-dehors, car il n'était plus alors en liberté, et nous le gardions à vue comme prisonnier.

Ne sachant que faire et la nuit approchant, mon inquiétude pour mes deux hommes me détermina à faire entendre à l'Indien qu'il pouvait s'en aller, espérant que ses camarades le revoyant et apprenant de lui la manière dont il avait été traité, non seulement nous renverraient nos deux soldats, mais reviendraient eux-mêmes nous trouver avec de bonnes intentions. Je lui fis donc de nouveaux présens, et je m'efforçai de lui faire comprendre que je désirais que ses compagnons revinssent, et que j'espérais que nos camarades ne seraient pas maltraités. Il sourit et resta avec nous. Il mit en ordre la cabane, où tout était en confusion, et regarda plusieurs fois à l'ouest du lac, en nous désignant ce côté. Il nous montra un bâton, et nous dit qu'il appartenait à l'Indien qui portait un grand bonnet; c'était celui que je regardais comme leur chef. Ce bâton avait près de six pieds de longueur, et était peint en rouge.

Il faisait nuit, le vent soufflait avec violence; il était accompagné de pluie, de grésil et de grêle. Je reconnus la nécessité de nous tenir prêts à repousser une attaque. La cabane étant de forme circulaire, je postai une division de chaque côté de la porte, de manière que ceux qui étaient de garde pouvaient voir de tous côtés. La porte fut bouchée avec une peau, et je défendis à tout le monde de sortir. Le bruit du vent parmi les arbres, et la neige qui tombait à gros flocons, pouvaient donner à un ennemi la facilité de s'avancer très-près de nous sans être entendu. J'avais donné à l'Indien quelque chose en échange de son arc et de ses flèches. A onze heures je me couchai. Je n'avais pas dormi dix minutes, quand je fus éveillé par un cri terrible de Mathieu Hughster, qui en même temps se leva en sursaut et courut à la porte. L'Indien poussa un hurlement affreux, et, au même instant, j'entendis un coup de fusil. Je ne pus m'empêcher d'admirer la promptitude de la division de garde, qui, en une seconde, se trouva sous les armes. Cet incident, qui avait manqué de devenir fatal, avait été occasionné par un de nos gens, un étranger, nommé Jean Guyenne. Il était sorti de la cabane, en avertissant la sentinelle; mais, quand il rentra, le bruit qu'il fit en remuant la peau qui servait de porte, éveilla Thomas Taylor, qui fit feu directement du côté de la porte; et si Hughster n'eût heureusement détourné le coup en heurtant Taylor sans le vouloir, Guyenne eût infailliblement été tué. On passa la nuit à tailler des peaux d'orignal pour en envelopper les chiens des fusils.

26.— Vent de l'est-nord-est, très-violent, accompagné de grésil; gelée. Dès qu'il fit jour, nous songeâmes à partir; et, ayant placé dans chaque cabane un nombre égal de couvertures, de chemises et de pots d'étain, je fis comprendre à l'Indien que ces objets étaient destinés à ceux qni y demeuraient. Je lui fis encore quelques présens, et j'en attachai d'autres au bâton rouge. Il parut entendre fort bien tout cela. Nous partîmes à sept heures du matin, dans l'intention de revenir le lundi suivant. Voyant que l'Indien nous accompagnait, je lui fis signe de se retirer; mais il persista à nous suivre, marchant quelquefois en zigzag, en avant de nous, et ayant toujours les yeux fixés sur la glace qui couvrait le lac, comme s'il y eût vu une trace qui devait le guider; il nous montra une fois le côté de l'ouest, en se mettant à rire.

A peine eûmes-nous fait les deux tiers d'un mille depuis le départ des cabanes, que l'Indien s'arrêta tout-à-coup; il parut hésiter un instant, puis s'enfuit ensuite à toutes jambes. Nous le vîmes s'arrêter un moment à quelque distance pour examiner quelque chose qui était sur la glace. Il continua alors à courir avec la même vitesse, et le brouillard nous le fit bientôt perdre de vue. Peu après nous reconnûmes avec horreur les corps de nos malheureux compagnons, étendus à environ cinquante toises l'un de l'autre, le ventre sur la glace, et les pieds tournés vers la rivière. Le caporal était percé d'une flèche dans le dos; le soldat, de trois en diverses parties du corps. On leur avait coupé la tête, et on les avait dépouillés de tous leurs vêtemens. Quelques flèches brisées étaient autour d'eux, ainsi que du pain qu'on avait tiré de leurs havresacs. Il y avait peu de sang en cet endroit. Ce malheureux événement pénétra de douleur toute la troupe, et fit bientôt place au désir de la vengeance. Je voyais parfaitement qu'il était possible de suivre les traces des Indiens; mais la prudence me dictait une autre conduite. Je ne pouvais douter que tous nos mouvemens n'eussent été épiés, et je concevais les plus vives inquiétudes pour les huit hommes qui étaient restés à la garde des traîneaux. Je regardai donc comme très-important de ne pas perdre un instant pour les aller rejoindre. Je fis prendre quelques rafraîchissemens à ma troupe, et je la formai en ligne de marche, plaçant en avant et en arrière ceux qui avaient des armes à feu; au centre, ceux qui portaient des coutelas, et leur recommandant à tous de marcher en rangs aussi serrés que le terrain le permettrait.

Après avoir tourné la première pointe de terre, donnant sur la rivière, un de mes hommes s'écria qu'il venait de voir paraître, derrière la seconde, un Indien qui avait jeté les yeux sur nous et qui s'était retiré aussitôt. Lorsque nous y arrivâmes, nous vîmes des traces qui prouvaient évidemment que deux hommes avaient été en cet endroit et s'en étaient retirés. Nous les revîmes ensuite à une grande distance devant nous, et les traces indiquaient qu'ils avaient des souliers, ce qui redoubla nos inquiétudes. Les guides et toute la troupe pensèrent que les Indiens avaient été aux traîneaux, et que ceux que nous avions vus descendaient le long de la rivière pour nous attirer dans quelque embuscade, car il était possible qu'un corps se plaçât dans une position avantageuse pour nous attaquer dans un passage difficile. Ces conjectures étaient probables. On me pressa de prendre la route des bois comme la plus sûre, ce qui était vrai; mais elle était plus longue. Nous aurions perdu beaucoup de temps en marchant sur une neige épaisse et non battue, et nous n'aurions pu espérer d'arriver en moins de deux jours. Mon premier devoir, et l'objet le plus important pour moi, étant donc de rejoindre promptement le reste de ma troupe, je résolus de continuer à suivre la rivière. D'ailleurs nous pouvions nous tromper dans nos conjectures, et les marques de souliers que nous avions vues pouvaient avoir été produites par nos compagnons eux-mêmes, à qui la curiosité de voir le pays pouvait avoir fait oublier mon injonction expresse de ne pas quitter les traîneaux.

Nous arrivâmes à midi au lieu du rendez-vous; et, après avoir passé quatre heures dans les plus vives inquiétudes, nous fûmes bien soulagés en retrouvant tous nos gens en bonne santé. Le front de deux d'entre eux, encore tout couvert de sueur, nous apprit que c'étaient eux que nous avions aperçus, et dont nous avions vu les traces; mais ils montrèrent tant de repentir, quand ils apprirent les alarmes qu'ils nous avaient occasionnées, que je leur pardonnai leur faute. Nous n'avions d'autre parti à prendre que de redescendre la rivière sur laquelle la glace commençait d'ailleurs à se fondre par suite d'un dégel. Nous nous mîmes donc en marche, et, après un pénible voyage de quatre jours, dans l'eau et dans la neige, nous rejoignîmes l'*Adonis* le 30 janvier.

On ne peut pas espérer que je donne beaucoup de renseignemens sur les Indiens de Terre-Neuve; mais les moindres notions deviennent intéressantes quand il s'agit d'un peuple si peu connu, ou plutôt qu'on ne connaît pas encore. Il paraît qu'ils ont leur demeure fixe dans cette île, et qu'ils n'y viennent pas pour un certain temps. Leurs cabanes sont de différentes formes : nous en vîmes de rondes et d'octogones. Les premières ne consistent qu'en quelques perches supportées par des pieux fourchus, de même que celles de la plupart des peuplades de l'Amérique; elles ne servent que pendant l'été, lorsqu'ils pêchent dans les lacs et les rivières pour faire leurs provisions d'hiver. Celles dans lesquelles je les trouvai étaient de forme octogone, et leur construction avait dû exiger beaucoup de peine et de travail. Le diamètre, au niveau de la terre, en était de près de vingt-deux pieds; un mur perpendiculaire en bois et en terre s'élevait à quatre pieds de hauteur, et soutenait de grosses perches inclinées en cône vers le centre, où elles laissaient une ouverture ronde pour le jour et la fumée : c'était, avec la porte, les seules ouvertures. Des séparations formées par des espèces de claies partaient en ligne droite à égale distance de chaque angle, et aboutissaient au centre : elles étaient remplies de peaux d'orignals bien préparées. Le feu s'allume au centre; ils se couchent tout autour pour dormir, ayant les pieds tournés vers le centre, et la tête un peu élevée du côté de la claie. Les cabanes étaient couvertes en écorce de bouleau, et enduites de terre en dehors; avec peu de feu, ces habitations sont suffisamment chaudes, même pendant la saison la plus rigoureuse. Toute cette construction était faite avec plus d'art qu'on n'aurait pu s'y attendre.

Leurs canots étaient bien construits en bois de bouleau, et couverts intérieurement d'écorces bien jointes ensemble et enduites de résine de sapin.

Leurs ustensiles de ménage étaient tous d'écorce de bouleau ou de sapin; mais il ne me parut pas qu'ils servissent à la cuisine. Je ne crois pas qu'ils fassent bouillir leurs alimens; ils les font griller ou rôtir. Ils avaient deux marmites en fer, probablement pillées chez quelque colon du voisinage. Je ne sais quel usage ils en faisaient, mais il paraît qu'ils y attachaient une grande valeur; car, en abandonnant leurs cabanes, ils les avaient emportées avec eux. Ils étaient bien fournis de haches, ils avaient bien soin d'en entretenir le fer brillant et tranchant, de même que les pointes de leurs flèches, dont nous vîmes dans un coin une centaine, qui étaient encore toutes neuves.

Les colons de Terre-Neuve ont toujours gratifié les Indiens de cette île, d'une taille gigantesque, ce qui n'est pas exact, au moins quant à ceux que nous avons vus; cette idée est venue peut-être de la manière dont ils sont vêtus. Ils sont bien faits et paraissent robustes et vigoureux. La taille commune des hommes est d'environ cinq pieds huit pouces (1). Sauf une seule exception, leurs cheveux étaient noirs ; leurs traits sont plus saillans que ceux d'aucun Indien que j'aie jamais vu ; et, autant qu'on en peut juger à travers la couche d'huile et d'ocre dont ils s'enduisent, ils ont le teint plus blanc que la plupart des Indiens. L'exception dont je viens de parler relativement à la couleur des cheveux était frappante ; c'était une femme d'un blond cendré, ayant tous les caractères de physionomie des Européens, et dont les traits ressemblaient singulièrement à ceux des Français. Elle paraissait avoir environ vingt-deux ans, et avait un enfant suspendu à son dos. Ses manières ne ressemblaient nullement à celles des autres Indiens. Au lieu de passer comme eux de la terreur et de la surprise à la familiarité, elle ne prononça pas un mot, et ne se remit pas de la frayeur où l'avait jetée notre visite soudaine et inattendue.

(1) Mesure d'Angleterre.

L'habillement de ces Indiens consistait en une sorte de casaque lâche, sans manche, mais attachée autour du cou pour la retenir sur les épaules; elle est si ample que, quand on l'assujétit sur les hanches par une espèce de courroie, elle est triple, et garantit bien le devant du corps. Ce vêtement est entouré d'une bordure en peau d'orignal, de même que les bottines, les mocassons et les gants. Le poil est tourné en dedans, et l'extérieur est enduit d'huile et de terre, ce qui contribue beaucoup à amortir la rigueur du froid. La seule différence qui se trouve dans le costume des deux sexes, consiste dans un capuchon sur le dos des femmes, pour y porter les enfans. Lorsque les hommes veulent se servir de leurs arcs, ils dégagent l'épaule droite, et appuient le genou droit par terre, en tenant leur arc perpendiculairement, l'extrémité inférieure appuyée contre leur pied gauche. Leurs flèches annoncent un certain génie; la pointe en fer est tellement proportionnée au bois, que, lorsqu'ils manquent leur coup en tirant sur l'eau, ils ne les perdent pas. Elles surnagent, et les plumes dont elles sont garnies, servant de bouée, ils peuvent les retrouver quand bon leur semble. La pointe en est acérée, mais non barbelée. Leurs souliers à neige, ou raquettes, comme quelques personnes les appellent, diffèrent de tous ceux que j'avais vus. La partie circulaire, traversée par des courroies, avait quinze pouces de largeur sur près de trois pieds et demi de longueur avec une queue d'un pied pour contre-balancer le poids de la partie antérieure en avant de la première traverse; ils ressemblent assez à ceux dont nous nous servons, si ce n'est qu'ils sont plus longs, ce qui doit les rendre fort gênans dans les bois; mais, si mes conjectures sont justes, ils y vont peu quand la terre est couverte de neige. Quand on pose à terre cette chaussure attachée au pied, elle forme une courbe relevée aux deux extrémités. Il est clair qu'ils lui donnent cette forme pour empêcher la neige de s'amasser en avant du pied, dont le mouvement est, par cela même, singulièremen' facilité.

J'aurais craint d'exciter leurs soupçons en

cherchant à connaître positivement leur nombre; il me parut qu'ils étaient au moins trente-cinq personnes adultes, dont deux tiers de femmes, une partie des hommes étant probablement absente. Il y avait une trentaine d'enfans, et jamais je n'en ai vu de plus beaux. Au reste, quel que puisse être leur nombre dans l'intérieur de Terre-Neuve, ils ne paraissent pas manquer de provisions. Ceux que nous vîmes avaient une quantité considérable de venaison en réserve, indépendamment de plusieurs orignals tout entiers, dont les corps gelés étaient étendus près du lac, et qui avaient sans doute été tués avant le commencement des gelées. Pour conserver la chair de ces animaux, ils la séparent des os, et en font des paquets qu'ils entourent d'écorces. Chacun de ces paquets avait près de trois pieds de longueur sur quinze pouces de largeur et de hauteur, et pouvait contenir de cent cinquante à deux cents livres de viande. Les lacs et les étangs sont remplis de truites; de nombreuses troupes d'oies sauvages arrivent tous les ans dans l'île aux mois de mai et d'octobre. L'air robuste de ces Indiens prouve que l'exercice qu'ils sont obligés de faire pour se procurer des vivres, ne fait que contribuer à leur bonne santé.

L'opinion qu'ils sont en petit nombre, parce qu'on en voit bien moins qu'autrefois venir près des côtes, me paraît donc mal fondée. Il est facile de conjecturer la cause qui les empêche de s'y montrer. Les colons pensaient qu'ils ne pouvaient faire un acte plus méritoire que de tuer un Indien toutes les fois qu'ils en rencontroient. Ils les forcèrent par là de quitter leurs anciennes demeures et de s'enfoncer dans l'intérieur, qu'ils ne connaissaient probablement qu'imparfaitement, leur principale nourriture, consistant en poissons et en oiseaux de mer. Probablement aussi, ils étaient alors dépourvus des moyens de chasser l'orignal, au moins en quantité suffisante pour fournir à leur subsistance. A mesure que nos établissemens se multiplièrent, et que la population s'accrût au nord du cap de Freels, les Indiens s'éloignèrent des côtes ; mais la même cause qui les forçait à la retraite, leur pro-

aura aussi de nouveaux moyens d'existence pour continuer à mener une vie indépendante; car plus les colons devinrent nombreux, plus les pêcheries augmentèrent, et plus le pillage et les naufrages fournirent aux Indiens des occasions de se procurer du fer.

Il existe diverses opinions sur l'origine des Indiens de Terre-Neuve; les uns pensent qu'ils y sont venus du continent de l'Amérique; les autres prétendent qu'ils descendent d'anciens navigateurs norvégiens qu'on suppose avoir découvert cette île, il y a près de mille ans. J'avais avec moi des gens qui parlaient presque toutes les langues de l'Europe, et notamment celle de Norvège; mais aucun d'eux ne put comprendre un seul de leurs mots. Ils parlaient avec force et volubilité, mais leur langage me parut entièrement différent de celui de toutes les castes indiennes que j'avais entendu jusqu'alors, et dont les sons, en général, sont doux et mélodieux.

L'intérieur du pays est montagneux; les vallées sont coupées de rivières, d'étangs et de marais. Les bois sont principalement composés de sapins rouges et blancs, de bouleaux et de frênes, la plupart rabougris; les arbres qui sont parvenus à une dimension considérable ont souvent le tronc creux et pourri. En avançant dans l'intérieur, les bouleaux deviennent plus petits et moins nombreux, et l'on finit par ne plus en rencontrer. Dans bien des endroits, de vastes étendues de bois ont été brûlées; un nouveau taillis leur succède, et la différence de leur crue prouve évidemment que tous n'ont pas été brûlés à la même époque; mais aucun de ces incendies n'a eu lieu à trente milles au-dessous du lac. Cette remarque générale est fondée sur des observations faites sur les bords de la rivière. Il me semble que le lac près duquel nous trouvâmes les Indiens, n'a été aperçu par aucun voyageur parti de la côte septentrionale de l'île; tout porte à croire qu'il a été découvert par ceux qui seront venus de la baie des Iles par la rivière Humber, ou de la baie Saint-George, par quelque autre communication; car, dans la carte de Cook et de Lane, publiée par Laurie et Wittle, en mai 1794, on trouve un lac qui, d'après les distances et toutes les indications, me paraît être celui sur lequel nos deux malheureux compagnons perdirent la vie.

N.º II.

Relation de la découverte du détroit d'Anian, faite par moi, capitaine Laurent Ferrer Maldonado, l'an 1588, dans laquelle on lit le détail du voyage, la situation du détroit, la manière dont il doit être fortifié, et enfin les avantages de ce passage, et les périls qui en résulteront si l'on n'en profite point.

SIRE,

Il faut premièrement établir les avantages qui peuvent résulter du passage du détroit d'Anian à la mer du sud.

Ayant bien considéré la route qu'on a suivie jusqu'ici pour aller aux Philippines, à la Chine, au Japon et aux autres parties de cette mer, on voit, d'après des cartes exactes, que le voyage sera abrégé presque de moitié en passant par ce détroit. On s'en convaincra aisément par l'inspection d'un globe terrestre ou d'une carte ayant le pôle au centre, quoique ce soit moins évident sur une carte ordinaire qui représente le degré du méridien au pôle comme aussi large que sur la ligne équinoxiale, et par conséquent, sur une telle carte, une route ne paraîtra pas plus courte que l'autre. Cette théorie a peut-être besoin de démonstration, mais il est inutile de s'en occuper ici; il suffit de dire qu'en passant par ce détroit, on épargne à peu près la moitié du chemin.

Outre cet avantage, cette route en offre un beaucoup plus grand; c'est qu'après avoir mis en mer, un vaisseau peut aller directement d'Espagne aux Philippines; mais on n'abrège certainement pas le voyage quand il est nécessaire de débarquer dans la Nouvelle-Espagne, et de faire cent cinquante lieues par terre. Il arrive de là que le plus grand nombre de ceux qu'on envoie comme recrues dans ces îles, restent dans la Nouvelle-Espagne, soit épuisés par les fatigues du voyage, soit attirés par les charmes de ce pays.

Un autre grand avantage encore, c'est que Votre Majesté, commerçant avec toutes les épiceries des Moluques, de l'Archipel et autres endroits, pourrait, par le moyen de ce détroit, avoir, le plus facilement possible, la possession exclusive de ce commerce; et, en en renfermant les produits dans les magasins de Séville, il rapporterait plus de cinq millions par an, en obligeant beaucoup de nations à venir en Espagne pour se procurer ces denrées, en retour desquelles elles apporteraient en abondance tout ce qui peut être nécessaire à votre royaume, et l'on ne serait plus forcé à exporter l'argent qui vient tous les ans de l'Inde, ce qui rend le numéraire si rare en Espagne.

Il faut songer aussi qu'en passant par ce détroit, il est en notre pouvoir d'empêcher le commerce entre la Chine et l'Inde, et de le faire passer entre nos mains, ce qui s'étendrait aussi aux Philippines et aux autres régions de cette partie du monde; car le commerce de la Chine avec l'Inde a été très-désavantageux à l'Espagne, puisqu'il a obstrué une grande partie du commerce que nous avions coutume de faire. Il est démontré que c'est la cause qui a tellement diminué le commerce de Votre Majesté, que, tant que la Chine et les Philippines feront avec l'Inde un commerce si étendu, il nous est impossible de maintenir nos possessions dans ce dernier pays, comme il faudrait le faire pour résister à nos ennemis qui sont nombreux ; d'où il résulte qu'elles doivent décroître et se réduire à rien. Au contraire, en ouvrant la navigation par ce détroit, elles augmenteraient tellement en population, en richesse et en puissance, qu'elles attireraient des flottes de bâtimens marchands en aussi grand nombre que celles qui vont dans l'Inde, et ces flottes rapporteraient en Espagne, en grande abondance et à un prix fort modique, les productions de la Chine, de la Tartarie et d'autres pays. En or seul, nous pourrions obtenir deux millions par an, dont nous retirerions un grand profit, puisque l'or, en Chine, a une valeur moindre de moitié qu'en Espagne. Ajoutez à cela que nous pourrions nous procurer beaucoup d'autres objets utiles qui nous sont fournis maintenant par nos ennemis même, qui par-là s'enrichissent à nos dépens, et puisent dans notre sein des forces pour nous faire la guerre.

Il est aussi d'une grande importance de garnir ces possessions de soldats pour les défendre. Nous pouvons le faire avec une grande facilité par le moyen de ce détroit, et empêcher nos ennemis de s'en rendre maîtres comme ils pourraient le faire si elles manquaient de forces et de secours. Enfin, Dieu ayant bien voulu nous offrir, par la découverte de ce détroit, une occasion de convertir les habitans de cette contrée, pour les ames desquels il lui a plu de mourir, cet avantage, s'il n'est le plus grand de tous, n'est certainement pas le moindre.

On pourrait présenter encore bien d'autres raisons en faveur de la navigation par ce passage; mais le plus essentiel est de démontrer les inconvéniens qui résulteraient, si nous négligions de reconnaître et de fortifier le détroit d'Anian; car son existence ne peut plus être révoquée en doute, puisque je certifie l'avoir vu moi-même. Or, on conçoit aisément combien il serait malheureux qu'il fût découvert et fortifié par nos ennemis, qui font les plus grands efforts pour y parvenir; car nous savons que, l'année dernière (1608), les Anglais ont envoyé un vaisseau pour le chercher. Si nos ennemis venaient à s'emparer de ce détroit, le tort qu'ils nous feraient serait d'autant plus grand que ce détroit, étant plus près d'eux que de nous, ils pourraient plus aisément y faire passer leurs flottes qui, se divisant par escadre de trente voiles, se rendraient maîtresses de nos possessions de la Nouvelle-Espagne et du Pérou, où, annonçant aux Indiens qu'ils jouiront de la liberté de conscience et de la liberté civile, il est probable que tous, ou du moins la plus grande partie d'entre eux, se déclareraient en leur faveur. Par là, ils se fortifieraient dans ces mers à un tel point que, ne pouvant y envoyer de prompts secours, nous pourrions être privés à jamais de nos possessions. Ce danger est tellement à craindre que, si nous n'étions pas assurés par nos propres yeux qu'il existe un pareil détroit pour conduire dans la mer du sud, nous devrions le chercher avec grand soin, afin de le fortifier, ou bien pour nous assurer positivement qu'il n'en existe point, et être bien certains que nous ne devons pas craindre un tel danger. Au reste, qu'il me soit permis d'ajouter ici que, si nos ennemis ne nous ont pas occasionné de grandes pertes dans la mer du sud, c'est parce qu'ils ne possèdent pas un port d'une telle importance que celui du détroit d'Anian.

Maintenant que j'ai reçu ordre de Votre Majesté et du conseil d'état, de rendre compte de ce voyage, et de la manière de fortifier ce détroit, il convient aussi d'indiquer la route qu'il faut suivre, ainsi que la situation de ce passage avec toutes les circonstances de mon voyage, en commençant par la navigation. Tout bon marin, en faisant attention à la relation qui va suivre, sera en état de trouver aisément ce détroit.

En partant d'Espagne, supposons de Lisbonne, il faut se diriger vers le nord-ouest pendant quatre cent cinquante lieues. Lorsque le vaisseau sera arrivé sous le 60.ᵉ degré de latitude, il trouvera l'île de Frislande, autrefois appelée *File* ou *Fule*. C'est une île un peu moins grande que l'Islande. De là il faut gouverner à l'ouest, en suivant une ligne parallèle au 60.ᵉ degré, pendant cent quatre-vingts lieues, ce qui conduira le navigateur à la terre du Labrador, où commence le détroit de ce nom, ou détroit de Davis. L'entrée en est fort large, d'un peu plus de trente lieues sur la côte du Labrador, qui est à l'ouest. La terre est fort basse; mais, du côté opposé, on voit de très-hautes montagnes à l'embouchure du détroit. Là, on verra deux ouvertures entre lesquelles sont ces montagnes élevées. L'une se dirige à l'est-nord-est, et l'autre au nord-ouest. Il faut laisser la première, qui est située à droite, et tournée au nord, parce qu'elle conduit au Groënland, et de là à la mer de Frislande. Entrant donc par l'autre ouverture, et tournant la proue au nord-ouest, après avoir fait quatre-vingts lieues dans cette direction, le vaisseau se trouvera par 64° de latitude. Là, le détroit se détourne au nord pendant cent vingt lieues jusqu'à 70°. Alors il se dirige de nouveau vers le nord-ouest, et continue dans cette direction pendant quatre-vingt-dix lieues, après lesquelles le vaisseau sera par 75°. Il aura alors traversé presque tout le détroit de Labrador, qui commence au 60.ᵉ degré et finit au 75.ᵉ, ayant deux cent quatre-vingt-dix lieues de longueur, et faisant trois détours, le premier et le dernier du sud-est au nord-ouest, et celui du milieu du sud au nord. Dans quelques endroits il n'a pas vingt lieues de largeur, et dans d'autres il en a plus de quarante. Il s'y trouve des ports, des baies et des havres qui peuvent être utiles en cas de besoin. Les côtes paraissent habitées jusqu'au 73.ᵉ degré, car nous vîmes de la fumée de différens côtés.

Quelques personnes ont pensé qu'il est impossible de naviguer aussi près du pôle. A cela on peut répondre que les Anséatiques vivent sous le 72° de latitude, que près de mille bâtimens marchands entrent tous les ans dans leur port, c'est-à-dire celui de Saint-Michel, et dans toute la baie de

Saint-Nicolas, et que, pour entrer dans la mer de Flandres, il faut nécessairement qu'ils remontent jusqu'au 75me. degré. En sortant du détroit de Labrador, nous commençames à redescendre faisant route à l'ouest-sud-ouest au sud-ouest pendant trois cent cinquante lieues, après quoi nous arrivâmes sous 71° de latitude, et nous aperçûmes une côte fort élevée sans pouvoir découvrir si elle faisait partie du continent ou si c'était une île; mais nous remarquâmes que, si c'était le continent, il devait être en face de la côte de la Nouvelle Espagne. De cette terre, vue sous 71°, nous continuâmes notre course à l'ouest-sud-ouest pendant quatre cent quarante lieues, et nous arrivâmes au 60e. degré, latitude sous laquelle nous découvrîmes le détroit d'Anian.

Il faut donc se conformer à la marche que j'ai suivie, au moins jusqu'à la Frislande; car je mis à la voile de Baccalaos pour chercher cette île, afin de me procurer les provisions et les choses qui me manquaient et que nous obtînmes dans quelques îles qui en sont voisines, et qu'on nomme *Zélandillas*. Elles sont au nombre de trois. Une seule est habitée; les autres servent pour faire pâturer les bestiaux des habitans du pays qui sont presque sauvages, quoiqu'ils paraissent catholiques, ou du moins chrétiens.

Pour en revenir à notre voyage, je dirai qu'à mon avis il serait plus prudent, après être sorti du détroit de Labrador, de suivre la côte opposée à la Nouvelle Espagne, et cela pour deux raisons : d'abord pour découvrir la population qu'elle contient, et ensuite pour chercher les provisions et tout ce qui peut être nécessaire aux vaisseaux qui feront ce voyage.

D'après le récit que je viens de faire, on voit que la distance d'Espagne en Frislande est de quatre cent cinquante lieues; de là au Labrador, cent quatre-vingts, et, jusqu'à la fin de ce détroit, deux cent quatre-vingt-dix, ce qui fait au total neuf cent vingt lieues; et, en y ajoutant les sept cent quatre-vingt-dix que nous trouvâmes être la distance depuis le nord du détroit de Labrador jusqu'au détroit d'Anian, on aura dix-sept cent dix lieues pour la distance qui sépare l'Espagne de ce dernier détroit.

La saison dans laquelle nous quittâmes le détroit de Labrador était fort rigoureuse ; c'était au commencement de mars ; et, comme nous avions navigué dans ce détroit pendant la dernière partie de février, nous souffrîmes beaucoup du froid, de l'obscurité et des tempêtes. Les jours étaient alors fort courts, et le froid si piquant, que les vagues de la mer, qui se brisaient contre le vaisseau, s'y attachaient de telle manière en se gelant, que le navire semblait être une masse de cristal ; nous fûmes même obligés de briser la glace, car elle s'accrut tellement, que nous la trouvâmes, en quelques endroits, de l'épaisseur de plus d'une palme.

C'est une grande erreur que de croire que cette mer puisse se geler entièrement. Comme elle est spacieuse, et qu'il se trouve toujours des courans rapides dans tout le détroit, ces causes, jointes aux grandes vagues qu'occasionne son agitation continuelle, ne permettent pas qu'elle se gèle en entier. Elle peut se geler sur les bords de la mer et dans les endroits où elle est tranquille, et nous remarquâmes que l'eau qui battait contre le rivage se gelait. La seule chose que je sache, et on nous l'avait dit en Islande, c'est qu'un détroit de mer qui sépare la Frislande du Groënland, est gelé pendant la plus grande partie de l'année, parce qu'il est couvert de hautes terres et de montagnes du côté de la Frislande, ce qui empêche les rayons du soleil d'y tomber, et, étant en outre entouré de montagnes très-élevées, il est à l'abri des vents qui pourraient en agiter les eaux; en conséquence le calme continuel qui y règne est cause qu'il gèle, et empêche les bâtimens d'y naviguer. La même chose arrive dans les mers dont j'ai parlé ci-dessus.

Mais lorsque nous retournâmes par ce détroit de Labrador dans le mois de juin et partie de celui de juillet, nous y trouvâmes un jour perpétuel; de sorte que, quand nous arrivâmes au cercle arctique, c'est-à-dire sous la latitude de 66° $\frac{1}{2}$, nous ne perdîmes pas la vue du soleil, et nous ne commençâmes à avoir de nuit que vers le milieu du détroit de Labrador; et, ainsi le soleil restant toujours sur l'horizon, l'air était si chaud, que nous éprouvions plus de chaleur même que dans les parties centrales d'Espagne. Cependant, quand nous nous exposions aux rayons du soleil, nous ne nous en trouvions pas incommodés; et, comme on trouve toujours dans le détroit de Labrador de forts courans, et que les vents y soufflent constamment du nord, il est facile d'en sortir promptement. Les courans rapides, occasionnés par le flux et le reflux, aident beaucoup à entrer dans le détroit et à en sortir, même quand on a le vent contraire; et, comme ils soufflent constamment du nord, il est nécessaire, en partant d'Espagne pour Anian, de prendre l'avantage de la marée.

Nous terminerons ce récit par la description de la marche de notre bâtiment, et des incidens de notre voyage.

Nous découvrîmes ce détroit par 60° de latitude, à la distance de mille sept cent dix lieues de l'Espagne. Il paraît, d'après les anciennes traditions, que c'est le même que les géographes nomment dans leurs cartes détroit d'Anian; et, si cela est, il faut que ce détroit soit bordé, d'un côté, par l'Asie, et, de l'autre, par l'Amérique; ce qui paraît être, comme on en jugera par la relation suivante.

Dès que nous fûmes sortis du détroit, nous suivîmes les côtes d'Amérique pendant plus de cent lieues, la proue du vaisseau étant tournée vers le sud-ouest, et nous arrivâmes au 55.ᵉ degré de latitude. Nous ne vîmes pas d'habitans sur cette côte, et nous ne trouvâmes aucune ouverture qui indiquât le voisinage d'un autre détroit par lequel la mer du sud, coulant dans celle du nord, pourrait isoler cette partie. Nous en conclûmes que toute cette côte appartenait à l'Amérique, et qu'en continuant à la suivre, nous arriverions bientôt à Quivira et au cap Mendocino. Nous quittâmes cette côte dont, comme je l'ai dit, nous connaissions la continuité; et, faisant voile vers l'ouest, nous navigâmes quatre jours ayant le vent arrière, de sorte que nous faisions trente lieues par jour. Après en avoir fait cent vingt, suivant ce calcul, et au point marqué sur la carte, nous découvrîmes une terre fort élevée; et, continuant à suivre la côte dont nous nous tenions à une distance convenable pour remplir notre objet, et toujours en pleine mer, nous faisions route tantôt au nord-est, tantôt au nord-nord-est, et quelquefois au nord ; d'où il nous parut que, pour la plus grande partie, la côte se dirigeait du nord-est au sud-ouest. Nous ne pûmes marquer aucun point particulier, attendu, comme je l'ai dit, que nous voyagions en pleine mer. Tout ce que je puis affirmer, c'est donc que le pays est habité très-près de l'entrée du détroit, attendu que nous y vîmes de la fumée en divers endroits. Ce pays, suivant les cartes, doit appartenir à la Tartarie ou au Cathay, et à quelques lieues de la côte doit être située la fameuse ville de Cambalu, capitale de la Tartarie.

Enfin, ayant suivi la direction de cette côte, nous nous trouvâmes à l'entrée du même détroit d'Anian, par lequel, quinze jours auparavant, nous avions passé pour entrer dans une grande mer que nous savions être la mer du sud, où sont situés le Japon, la Chine, les Moluques, l'Inde, la Nouvelle-Guinée et la terre découverte par le capitaine Quiros, avec toutes les côtes de la Nouvelle-Espagne et du Pérou.

A l'ouverture du détroit par lequel nous entrâmes dans la mer du sud, est un havre situé sur la côte d'Amérique, capable de contenir cinq cents vaisseaux, quoiqu'il ne soit pas également bon dans toutes les parties, attendu les courans qui y entrent avec la marée, et qui courent du nord au sud en battant violemment contre la partie située à droite, à peu de distance de l'entrée. Il faut savoir que l'entrée de ce havre s'ouvre au nord et suit une direction oblique. Les rivages paraissaient n'avoir jamais été touchés par le pied des hommes. D'un côté est un étang d'eau stagnante, sur les bords duquel nous trouvâmes une immense quantité de coquilles d'œufs d'oiseaux de mer, qui les pondent ordinairement sur le rivage. Elles paraissent y avoir été apportées par les courans venant du nord, et étaient en si grand nombre, qu'elles formaient un mur haut d'une vare (1) et large de huit palmes. Nous trouvâmes dans ce havre une grande rivière d'eau douce, dont le lit était si profond, que nous pûmes y entrer avec notre bâtiment pour y faire de l'eau. Je pense qu'un bâtiment de cinq cents tonneaux pourrait y entrer. La plus grande partie de ce havre a un fond de sable, surtout près de l'endroit où la rivière s'y jette, et près de celui contre lequel battent les courans. Plus au nord, est un lieu abrité, formé par un rocher qui a plus de deux *picas* de hauteur en quelques endroits, et que la mer entoure, laissant une langue de terre du côté de l'est. Cette situation serait favorable pour l'établissement d'une grande colonie, et, quant à présent, on pourrait y construire une forteresse qui serait d'une grande utilité.

La terre qui entoure ce havre est fort agréable; elle offre du côté de l'est des plaines étendues qui touchent au havre sur un point, et qui sont bornées par une mon-

(1) A peu près trois pieds.

tagne peu élevée, sur laquelle nous vîmes des romarins. Ces plaines, étant défrichées, formeraient de belles fermes et de beaux jardins, et leur situation en rendrait l'arrosement facile. Quoique cet endroit soit par 59° de latitude, la température y est douce, parce que les montagnes situées au nord abritent et protègent la terre placée au midi. Le climat est fort bon, car le froid de l'hiver n'y est pas excessif; mais, au contraire, il y est fort modéré, parce que le pays est toujours ouvert aux rayons du soleil, et qu'elle est à l'abri des vents du nord, ne pouvant recevoir que ceux du sud qui sont toujours tempérés, qui le sont d'autant plus en ce lieu, qu'ils viennent de la mer en ligne directe. La preuve en résultait des diverses espèces de fruits que nous y trouvâmes.

Quoique ce pays soit situé sous une latitude si élevée, il n'en est pas moins habitable, puisque d'autres pays situés sous le même parallèle sont habités, nommément Edimbourg en Ecosse, les principales villes de Suède, Hapsal et Riga, villes de la Livonie, Dublin en Irlande, Nidrosie (Drontheim) en Norvège, une grande partie de la Moscovie, et beaucoup d'autres contrées agréables qui sont bien connues, bien peuplées, où le commerce est florissant, où il fait assez froid, et où l'on n'éprouve pas les chaleurs de cette côte. Le plus long jour d'été, dans ce détroit, est de dix-huit heures et demie, de même que la plus longue nuit d'hiver. Ainsi les nuits d'été sont de cinq heures et demie, et les jours d'hiver ont la même durée.

Sur les bords de la rivière qui se jette dans le havre, et sur ceux d'une autre qui est plus bas au sud-ouest, croissent de grands arbres, dont la plupart portent des fruits. Nous en vîmes quelques-uns semblables à ceux d'Espagne, comme des pommiers, des poiriers, des pruniers et d'autres dont les fruits de diverses formes nous étaient inconnus. Pour éviter les dangers qui pouvaient arriver, je défendis aux gens de mon équipage d'en manger aucun qui n'eût été entamé par les oiseaux. Par ce moyen nous évitâmes ceux qui auraient pu être malfaisans. La plupart étaient des fruits de l'année précédente, qui restaient encore sur les arbres, car ceux de l'année n'étaient pas encore mûrs, notre séjour dans ces environs n'ayant duré que depuis la fin d'avril jusqu'au commencement de juin. Le fruit s'étant conservé ainsi sur les arbres d'une année à l'autre, nous prouva que l'hiver ne pouvait avoir été bien rigoureux. Dans une vallée entourée par la rivière, et qui était évidemment fort tempérée, nous trouvâmes des raisins sauvages et des *lechias*, excellent fruit des Indes que l'on trouve toujours dans les climats tempérés. A l'entrée du havre, entre le nord et l'est, et dans toute cette direction, on trouve des montagnes peu élevées, et qui seraient faciles à cultiver. Elles abondent en toutes sortes de gibier. Nous y trouvâmes des perdrix, des lapins, un peu différens de ceux d'Espagne; des daims dont la peau grise était marquée de taches noires et blanches, et dont les uns avaient de longs bois fourchus, tandis que les autres n'en avaient point.

Nous vîmes aussi deux espèces de cochons, l'une semblable à ceux des Indes, mais plus grands; l'autre ressemblant au *javalis* d'Espagne. Enfin nous y vîmes des buffles et beaucoup d'autres animaux; mais nous n'y aperçûmes pas de bêtes carnassières. La mer est très-poissonneuse ; tous les coquillages y sont fort bons et plus grands que nous n'en avions jamais vu. Nous y prîmes des crabes d'une demi-vare de largeur, tandis que ceux de nos côtes ne sont pas plus larges que la paume de la main.

La côte de l'Asie ou de la Tartarie est couverte de montagnes d'une telle élévation, que le sommet, jusqu'à une certaine hauteur, en est couvert de neige toute l'année, particulièrement celles qui sont au nord. Celles-ci sont si rocailleuses, qu'elles ne paraissent pas susceptibles de culture. La plupart des arbres qui y croissent sont de grands pins qui s'avancent jusque sur le rivage de la mer. Du même côté de l'Asie, en face de l'entrée du havre, est un étang d'eau de mer stagnante, dans lequel croissent des roseaux en grande quantité. Cet endroit est favorable pour la pêche. Nous y prîmes des anguilles de mer, des soles et d'autres poissons, beaucoup plus grands que ceux que l'on trouve dans les autres parties de cette mer. Nous vîmes passer près de nous un grand nombre d'énormes poissons qui se rendaient de la mer du sud dans celle du nord, entre autres des baleines, des marsouins et d'autres monstres marins.

Le détroit d'Anian a quinze lieues de longueur; on peut le passer, avec une marée, durant six heures, et ces marées sont très-rapides. Ce passage a six détours et deux entrées qui vont du nord au sud; je veux dire que leur gisement est au nord et au sud. L'entrée du nord, par laquelle nous passâmes, n'a pas un demi-quart de lieue de largeur, et de chaque côté est une chaîne de montagnes. Mais celles du côté de l'Asie sont plus hautes et plus escarpées que les autres, et elles se rétrécissent à la base, de manière que ce qui tomberait du sommet ne pourrait toucher au pied. L'entrée dans la mer du sud, près du havre, a plus d'un quart de lieue de largeur, et alors le détroit prend une direction oblique et s'élargit. Au milieu du détroit, à la fin du troisième détour, est une île formée par un grand rocher, de trois *estadas* de hauteur plus ou moins ; et, comme il est de forme ronde, le diamètre doit en être de deux cents pas. Il est à peu de distance de la rive asiatique ; mais, de ce côté, la mer est pleine d'écueils et de récifs, et n'est navigable que pour des barques. La distance entre cette île et le continent de l'Amérique est à peu près d'un quart de lieue. Le canal est si profond en cet endroit, que deux ou même trois vaisseaux pourraient y naviguer de front. Mais la terre de l'autre rive forme, en face de l'île, un promontoire, de sorte qu'on pourrait construire deux bastions qui mettraient le milieu du canal à portée du mousquet. Sur cette île ou sur les rochers, et sur la rive opposée, on pourrait élever, comme je viens de le dire, deux bastions qui, avec le secours de l'artillerie, défendraient le passage du détroit de la manière la plus certaine. Si les courans n'étaient pas si violens, on pourrait y tendre une chaîne qui serait d'une grande utilité, et même, dans l'état des choses, nous pourrions faire un ouvrage assez fort pour résister au courant.

La forme de ce détroit est telle, qu'au moyen de trois tours communiquant l'une avec l'autre, on pourrait voir jusqu'à trente lieues dans la mer du nord; et, par des signaux, on donnerait avis aux bastions et aux forteresses du havre de l'approche des bâtimens qui se présenteraient, de sorte qu'il serait facile de les empêcher d'entrer dans le détroit si c'étaient des vaisseaux ennemis. Il ne s'agirait que d'avoir toujours deux navires dans le havre pour croiser le chemin à tout bâtiment qui voudrait passer entre les deux bastions; et s'il était obligé d'attendre la marée, ils pourraient le retarder et l'embarrasser, tandis que l'artillerie des forteresses le canonnerait et le coulerait à fond; car il faut faire attention que, quoique plusieurs vaisseaux puissent se présenter en même temps, il n'en peut pas entrer plus de deux ou trois à la fois dans le détroit.

Si nous voulions exercer la même surveillance sur la mer du sud, ce que je ne crois pas nécessaire quant à présent, le détroit offre deux hautes montagnes, l'une sur la côte de l'Asie, l'autre sur celle de l'Amérique, qui ont vue l'une sur l'autre, et qui, joignant la forteresse et les tours, et commandant les deux côtes dans une direction opposée, pourraient donner connaissance de tous les bâtimens qui navigueraient dans la mer du sud. Par ce moyen, le détroit serait parfaitement défendu; les Espagnols seuls pourraient y passer, et jouiraient des grands avantages qu'il présente; car, bien certainement, je ne connais aucun endroit découvert jusqu'à présent qui offre une communication si facile avec toutes les parties du monde; de ce détroit nous pouvons faire voile pour tous les pays, et par conséquent nous pouvons présumer qu'avec le temps cet établissement deviendrait riche et puissant.

L'entrée du détroit, du côté du nord, est très-difficile à découvrir, parce que la côte va de l'est à l'ouest, et que les deux terres qui le forment, sont très-voisines l'une de l'autre; et comme cette entrée et les détours que forme le détroit vont du nord-est au sud-ouest, comme je l'ai déjà dit, on ne peut l'apercevoir du large, et, pour cette raison, il n'est pas étonnant qu'il ait échappé aux recherches de ceux qui ont tâché de le découvrir. Quand nous y arrivâmes, nous ne l'aperçûmes pas sur-le-champ; nous fûmes quelques jours à errer en montant et descendant le long de la côte, sous la direction du pilote Juan Martinès, natif d'Algarve, vieillard plein d'expérience. Je vis cependant qu'il ne connaissait pas ces montagnes (dont je fis un plan pour m'en servir pour un autre voyage, si j'en entreprends un second, comme j'en ai le projet); car, quoique nous sussions que ce détroit devait se trouver par 60° de latitude, sur cette côte étendue qui va de l'est à l'ouest, nous conçûmes de grands doutes, attendu que ce pilote, d'après les calculs qu'il avait faits de la marche du vaisseau, croyait que nous en étions encore éloignés de cent lieues, tandis que je pensais que nous en étions très-près, comme cela se trouva vrai; car, étant dans un canot, et côtoyant le rivage, le même courant m'entraîna dans le détroit, et ce fut ainsi que je le découvris. Ce qui me fit présumer que nous en étions très-proches, ce fut la force des courans que nous rencontrâmes, qui venaient de terre et qui y retournaient; ils étaient si forts que, tantôt, lorsque nous étions en pleine mer, à quelque distance de la côte, ils nous entraînaient vers le rivage, et tantôt, lorsque nous rangions la terre de près, ils nous rejetaient en pleine mer.

Près du détroit, sur la côte de l'Asie, est une montagne très-élevée, dont le pic est de couleur blanchâtre. Ce pic est escarpé et paraît inaccessible. Sur le sommet sont trois grands arbres bien séparés les uns des autres, que l'on aperçoit très-distinctement quand on les voit du côté du nord. Des deux côtés de ce pic, les montagnes présentent l'apparence de deux ravines, et il est aisé de les distinguer. A une lieue de l'entrée du détroit, à l'ouest, est un rocher haut et escarpé, qui est entouré par la mer; et, à la marée basse, je crois qu'il peut être à quatre *picas* de la côte. A l'est de l'entrée du détroit, est une grande et belle rivière d'eau douce, dont les rives sont garnies d'arbres, et où nous prîmes de l'eau pour notre vaisseau. Nous y trouvâmes aussi une bonne baie. Les montagnes qu'on voit au nord, sur la côte de l'Asie, sont très-élevées ; on peut les voir de la mer du nord; elles sont couvertes de grands arbres qui semblent être des pins pour la plus grande partie. Celles qu'on voit sur la côte de l'Amérique sont moins hautes, et les arbres qui s'y trouvent sont moins grands; mais d'aucun des deux côtés l'on ne voit d'arbres à fruit.

Nous restâmes dans le havre, où nous jetâmes l'ancre, c'est-à-dire dans celui qui est situé à l'entrée sud du détroit, depuis le commencement d'avril jusqu'au milieu de juin. Un grand bâtiment du port de huit cents tonneaux y arriva de la mer du sud, afin de passer le détroit, ce qui fit que nous nous mîmes sur nos gardes; mais nous finîmes par nous entendre, le capitaine s'étant montré disposé à nous donner une partie des marchandises qui composaient sa cargaison, consistant principalement en objets semblables à ceux qu'on tire de la

Chine, comme des brocards, de la soie, de la porcelaine, des plumes, des pierres précieuses et de l'or. Ces commerçans paraissaient être hanséatiques, habitant la baie de Saint-Nicolas ou le port de Saint-Michel. Pour pouvoir nous entendre, nous fûmes obligés de parler latin, ceux de notre équipage qui connaissaient cette langue s'en servant pour parler à ceux d'entre eux qui la comprenaient. Ils semblaient être non catholiques, mais luthériens. Ils nous dirent qu'ils venaient d'une très-grande ville qui était au moins à cent lieues du détroit; et, quoique je ne puisse m'en souvenir parfaitement, je crois qu'ils lui donnèrent le nom de *Robr*, ou quelque autre à peu près semblable. Ils nous dirent que cette ville avait un bon port, qu'il y passait une rivière navigable, qu'elle faisait partie de la Tartarie et appartenait au grand Kan, et qu'ils avaient laissé dans ce port un autre bâtiment de leur pays. Nous ne pûmes en apprendre davantage de ces gens, car ils agissaient avec beaucoup de circonspection et peu de confiance, attendu que nous leur inspirions des craintes. Nous nous séparâmes donc ; et, les ayant laissés près du détroit, dans la mer du nord, nous mîmes à la voile pour l'Espagne. Notre motif pour les croire hanséatiques fut que, comme ils demeurent sous le 72° de latitude, il leur est facile et fort avantageux de passer par ce détroit.

Ayant ainsi détaillé toutes les particularités de notre voyage et les inconvéniens qui résulteraient si l'on n'y donnait aucune suite, il paraît convenable de donner une idée des choses qui seraient nécessaires à quiconque voudrait entreprendre ce voyage, et des dépenses qu'exigeraient ses préparatifs.

État des choses nécessaires pour le voyage, et des dépenses qu'il occasionnerait.

Il faut d'abord équiper trois vaisseaux, dont un de cent cinquante, et les deux autres de cent tonneaux chacun ; il faut qu'ils soient construits et que le fond de cale en soit distribué conformément à un plan qui sera donné en temps convenable. Par ce moyen on peut empêcher un vaisseau de couler à fond, quand même il aurait une voie d'eau dans ses fonds, parce que l'eau ne remplirait que la division dans laquelle cet accident serait arrivé, sans que les autres s'en ressentissent; attendu que toutes seraient calfatées. En supposant même qu'il arrivât quelque dommage au corps du bâtiment, l'eau en sortira par où elle sera entrée, ce dont je suis convaincu, parce que j'en ai fait l'expérience sur le bâtiment dont je me suis servi pour mon voyage. Ces navires devraient être à côtes croisées, doublés en plomb, garnis d'un grand nombre de vis et d'écrous, dont la tête serait enfoncée au niveau du bois, à fond plat et bien lestés. Ainsi construits, ces bâtimens seraient bons voiliers, et pourraient se trouver sans péril près d'une côte sous le vent, ce qui est le plus grand danger auquel un vaisseau puisse être exposé. Si par hasard ils viennent à toucher sur un banc de sable, ce qui peut arriver quand on parcourt des terres inconnues, ils se dégageront plus facilement que des vaisseaux ordinaires, parce qu'ayant le fond plat, ils ne se renverseront pas et pourront espérer d'être secourus par leurs compagnons, qui seraient au large.

Il conviendrait aussi d'avoir deux chaloupes, dont une complétement équipée, et l'autre prête à l'être en cas de nécessité, si l'on venait à perdre la première. Elles devraient êtres munies de rames, afin de pouvoir plus aisément s'approcher des vaisseaux par tous les temps, et faire tout autre service qu'on pourrait attendre d'elles; car cette chaloupe doit côtoyer le rivage en vue des trois bâtimens, qui doivent toujours marcher à quatre lieues de distance l'un de l'autre; elle est aussi destinée à leur donner avis de toutes les circonstances remarquables qui peuvent arriver sur la côte. Il est donc nécessaire que son commandant soit un homme intelligent, courageux, prudent et digne de confiance, et il faut qu'elle soit assez grande pour contenir, en cas de besoin, vingt tonnes d'eau. L'équipement de ces trois vaisseaux et des deux chaloupes prêts à mettre en mer, coûtera huit mille ducats.

Je conseillerais aussi de placer sur ces bâtimens six grosses pièces de canon et douze petites ; car ces vaisseaux, devant être fortement construits, pourront les porter. Ces dix-huit pièces de canon, qu'il faudra répartir entre les trois vaisseaux, coûteront quinze cents ducats. Il faut aussi deux cents mousquets à trois ducats pièce, ce qui fait six cents ducats. Plus, pour le cas d'un débarquement, cent cinquante arquebuses à deux ducats chacune, coûteraient trois cents ducats. Les piques, la poudre, les balles, les boulets, les cordes, les pompes et les autres munitions reviendraient à sept cents ducats.

Il faudrait trois pilotes prudens, actifs et espagnols, avec leurs aides et vingt-quatre bons marins qui seront répartis sur les trois vaisseaux, qui acquerront de l'expérience dans ce voyage, et qui pourront être ensuite employés comme pilotes de ce détroit. Enfin il faudrait deux cents hommes, la plupart marins, s'il est possible, parce qu'un marin peut, au besoin, faire les fonctions de soldat, et que jamais un soldat ne peut s'acquitter du devoir d'un marin. La division en serait faite ainsi qu'il suit : quatre-vingts pour le vaisseau du capitaine, cinquante pour chacun des deux autres, et vingt pour la chaloupe, afin que, si l'on a besoin de se servir des rames, il se trouve des bras prêts à les faire mouvoir. On peut les payer par année, les pilotes à raison de mille ducats, et les deux cents hommes à raison de quarante-huit, ce qui ferait neuf mille six cents ducats pour un an. Et comme parmi ces deux cents hommes il doit se trouver des officiers expérimentés, marins et militaires, il en résultera une dépense additionnelle de trois mille ducats par an.

Il faut aussi un approvisionnement de cables, d'ancres, de bois, de poix, de chanvre, de voiles, d'outils, de clous, de feuilles de plomb pour réparer les dommages qui peuvent être occasionnés par le canon des ennemis, ce qui coûtera quinze cents ducats.

Il faudra encore pour deux cents ducats de bougies pour les lanternes des capitaines et du commodore. Cette quantité suffira; car, dans ce voyage, les jours sont longs et les nuits courtes, et il n'y a nul doute que, pendant plusieurs jours, on ne perdra pas le soleil de vue.

Il faut distribuer sur les trois vaisseaux pour deux cents ducats de drogues; et, comme sur mer tout est incertitude, il sera bon d'emporter des provisions pour deux ans, car le vin au moins pourra servir au retour. Ainsi, comptant les rations sur le pied d'usage, il faudra, pour les trois vaisseaux, deux mille deux cents quintaux de biscuit, qui, à raison de quatre ducats le quintal, coûteront huit mille huit cents ducats; et, comme le biscuit peut se gâter, et que l'équipage souffrirait beaucoup s'il en était privé, il sera bon d'emporter quatre cents quintaux de farine qui, à deux ducats le quintal, coûteront huit cents ducats. Les rations de vin pour deux ans monteront à neuf mille cent vingt-cinq mesures de trente-deux pintes, qui, à raison de six réaux la pinte, coûteront quatre mille neuf cent soixante-dix-sept ducats.

Bœuf salé, lard, poulets pour les malades, deux mille cinq cents ducats; poisson sec, quatre cents; huile, vinaigre, légumes secs, six cents; fromage, trois cents; sel, cent; car il est important d'en emporter une bonne quantité, attendu qu'il sera d'une grande utilité, soit quand on aura du poisson en abondance, soit quand on pourra se procurer de la viande fraîche, dont il sera possible de saler une partie pour la conserver.

Toutes ces dépenses monteront à quarante-sept mille soixante-dix-sept ducats, et c'est la somme la plus haute à laquelle puisse monter l'équipement des trois vaisseaux, quoiqu'il puisse y avoir bien d'autres petites choses qui sont absolument nécessaires; mais, en y réfléchissant bien, on verra que c'est acheter à très bon marché un si grand avantage, un des plus grands qui puissent se présenter.

En effet, c'est par ce moyen qu'on préviendra les grands malheurs qui peuvent arriver aux royaumes de Votre Majesté, si l'on néglige de se mettre en possession de ce détroit; car je ne sais quelle est la politique qui permettrait à d'autres de s'emparer de ce que l'Espagne a découvert, surtout quand, en agissant ainsi, il serait en leur pouvoir de nous nuire et de nous faire la guerre ; et, ce qui est encore pire, s'ils se rendaient maîtres de ce détroit, ils dévoueraient sans doute au diable les meilleurs fruits de ce royaume, les ames des naturels, en disséminant parmi eux leurs doctrines perverses et corrompues.

Nous courons tous ces risques en négligeant la navigation de ce détroit, et en laissant ouvert à nos ennemis un passage par où ils peuvent venir prendre possession de tous ces royaumes; et ils peuvent le faire avec encore plus de facilité depuis la découverte récente de la terre australe; car c'est une contrée si vaste, si étendue (suivant ce qu'ils disent eux-mêmes), que quiconque en sera maître, le sera aussi de toute la mer du sud. Or, si, malgré la longueur de la route qu'ils ont à parcourir en doublant le cap de Bonne-Espérance, nos ennemis ont trouvé moyen d'établir dans l'Inde et dans ces parties du monde six factoreries, et, à ce qu'on dit, de construire huit forteresses dans l'île de Tirnati, au grand préjudice des territoires de Votre Majesté, il est aisé de voir que s'ils découvraient un passage si court, un havre si commode, ils pourraient nous faire encore plus de mal.

D'après ces motifs, il est donc plus raisonnable de faire attention aux pertes que nous pouvons essuyer, si nous négligeons de nous emparer de ce détroit et de le fortifier, que de songer aux dépenses que ce voyage occasionnerait; car quiconque désire exécuter un grand projet, doit se soumettre à de grandes dépenses et s'exposer à de grands périls. Enfin, si Votre Majesté obtient la souveraineté des mers, elle obtiendra aussi celle de la terre, sinon il nous sera difficile de conserver ce que nous possédons déjà. Je parle de cela en homme qui a beaucoup d'expérience dans les affaires navales, et qui sait apprécier toute la valeur de la souveraineté des mers, sans laquelle il est impossible de s'assurer l'empire de la terre.

Ces dernières raisons suffiront pour ceux qui s'entendent en affaires d'état. S'il en est quelques-uns qui négligent leurs devoirs, qu'ils s'éveillent et qu'ils se mettent sur leurs gardes, car je soupçonne que nous avons bien des ennemis secrets et déclarés qui ont plus d'un motif pour souhaiter des malheurs à l'Espagne. Et que personne ne dise, comme je sais qu'on l'a fait, qu'il n'y a point assez d'argent pour de telles entreprises, et que Votre Majesté est pauvre. Si quelqu'un peut alléguer de tels motifs, et qu'il voie son roi dans le besoin, qu'il lui fasse part de ses richesses, et qu'il n'oublie pas qu'il vaut mieux en diposer de cette manière, que d'être privé de toutes ses possessions par l'ennemi dans quelque temps à venir. Quelques sommes qu'il dépense de cette manière, l'homme qui essaiera de mettre à exécution une entreprise si hasardeuse, risquera beaucoup davantage; car, moi qui suis marin, je n'ignore pas de combien de dangers elle sera accompagnée. Celui-là seul pourra en rendre témoignage, qui éprouvera la violence de la mer du nord et les tempêtes qui troublent ses eaux.

Sans doute, en partant avec trois bons vaisseaux, tels qu'il les faudra pour ce voyage, il n'y a pas de motifs pour craindre la mer, quelque orageuse qu'elle puisse être. Mais il faudra côtoyer le rivage pour les motifs que j'ai déjà déduits ci-devant, et c'est ce qu'il y a de plus dangereux sur une pareille mer ; si dangereux, qu'il n'existe pas un marin qui ne frémît en y songeant. Je pense donc que s'il se trouve quelqu'un qui veuille l'entreprendre, on fera bien de ne pas le perdre de vue, car on peut trouver un homme qui s'en charge ; mais je doute qu'il s'en présente deux.

Il faut aussi qu'on se souvienne que de tels voyages ne sont d'aucun profit à celui qui les entreprend, et qu'au contraire ils ne sont pour lui qu'une source de peines et de désagrémens. Quant aux profits, je ne sais si le premier voyage pourra en produire, et nous ne pouvons être assurés que nos ennemis n'aient pas découvert ce passage ou quelque autre qui conduise dans la mer du sud, parce que nous savons qu'ils sont grands marins, aussi entreprenans que moi, aussi disposés à se jeter tête baissée au milieu des dangers. Je vous répète, Sire, comme je l'ai appris du capitaine Balthasar de Just, résidant à Fontarabie, par une lettre qu'il m'écrivit à ce sujet le 6 juillet de cette année 1609, que le désir de découvrir ce détroit est si grand, que les Français ont formé un établissement sur les bords du fleuve du Canada, qui est à trois cents lieues de Terre-Neuve, dans l'espoir de découvrir de là un passage dans la mer du sud. Si je fais mention de cette circonstance, ce n'est pas que je croie vraisemblable qu'ils en découvrent un, car il est impossible que ce fleuve aille plus loin qu'à cent lieues, puisque j'en ai côtoyé la plus grande partie en cherchant à découvrir la côte de l'Amérique sur la mer du sud, et que je n'y ai aperçu ni détroit ni fleuve qui fût de quelque importance ; mais j'en parle pour que Votre Majesté voie avec quel soin nos ennemis mettent en usage tous les moyens possibles pour découvrir un passage.

Que Votre Majesté me permette aussi de lui conseiller, si elle voulait envoyer une expédition pour faire un autre voyage de découvertes, de le faire secrètement, et d'arranger les choses de manière que les capitaines eussent ordre de n'ouvrir leurs instructions que lorsqu'ils seraient à quarante lieues en mer. Au moyen de cette précaution, nous pourrions tromper l'espion, en supposant qu'on veuille pénétrer nos desseins; et, s'il plaît à Dieu que nous retrouvions ce détroit, il serait bon de le fortifier dès l'année suivante, parce qu'il est impossible que, parmi l'équipage nombreux qui est indispensable pour cette expédition, tous soient assez prudens, tous gardent assez bien le silence pour que ce voyage ne soit pas bientôt rendu public, ainsi que les découvertes qui en auraient été la suite; et si nos ennemis viennent à l'apprendre, ils peuvent eux-mêmes chercher ce détroit, le trouver et le fortifier de manière qu'il faudrait des troupes nombreuses et des dépenses très-considérables pour le reprendre sur eux. Il serait donc convenable d'user de la plus grande circonspection, du moment où l'expédition mettrait à la voile pour faire cette découverte.

Copié sur le manuscrit original in-4.º,

(probablement celui de l'auteur), étant en la possession de Son Excellence le duc de l'Infantado. La carte et les esquisses ont été copiées sur le même manuscrit, et j'ai collationné le tout avec attention.

Juan Bautista Munon.

Madrid, 24 mars 1781.

FIN DU DEUXIÈME ET DERNIER VOLUME.

TABLE

DES CHAPITRES

CONTENUS DANS CE VOLUME.

SUITE DE LA IIIme. PARTIE.

CHAPITRE XI.

JEAN MUNK. 1619.

Pages.

Départ d'Elseneur.—Munk bouleverse toute la géographie de la baie d'Hudson.—Des maladies attaquent l'équipage.—La famine s'y joint—Mortalité.—Munk survit avec deux autres seulement.—Ils ramènent en Danemark le plus petit de leurs bâtimens. 1

CHAPITRE XII.

LUC FOX. 1631.

Départ de Fox.—Ile Welcome.—Sépulture des naturels.—Retour en Angleterre. 9

Pages.
CHAPITRE XIII.

THOMAS JAMES. 1631.

Arrivée dans l'île de la Résolution.—Ignorance du capitaine et de son équipage. — Leur embarras au milieu des glaces. — Maux qu'ils éprouvent. — Expériences sur la fonte des glaces. 20

CHAPITRE XIV.

DANELL. 1652.

Voyage pour découvrir la côte orientale du Groënland. — Découverte de diverses îles. — Les glaces empêchent constamment d'approcher de la terre.—Second voyage.—Même résultat. 32

CHAPITRE XV.

ZACHARIE GILLAM. 1668.

Voyage de Desgroseilliers, Français établi à Québec, dans la baie d'Hudson.—Proposition faite par Desgroseilliers pour un établissement à la baie d'Hudson.—Elle est rejetée par la France et accueillie par l'Angleterre.—Départ du capitaine Gillam avec Desgroseilliers pour la baie d'Udson.—Premier établissement anglais en ce lieu. — Formation de la compagnie de la baie d'Hudson. — Priviléges qui lui sont accordés. — Prétendu voyage de l'amiral espagnol de Fonte. 36

CHAPITRE XVI.

JEAN WOOD et GUILLAUME FLAWES. 1676.

Motifs qui engagent à s'occuper de la recherche d'un passage par le nord-est. — Départ de Wood et de Flawes.—Naufrage de Wood sur les côtes occidentales de la Nouvelle-Zemble. — L'équipage parvient à gagner la terre. — Retour en Angleterre sur le navire de Flawes. 54

QUATRIÈME PARTIE.

Voyages de découvertes dans les régions septentrionales pendant le dix-huitième siècle. 68

CHAPITRE Ier.

JACQUES KNIGHT, GEORGE BARLOW, DAVID VAUGHAN et JEAN SCROGGS. De 1719 à 1722.

Départ des trois premiers pour découvrir un passage et des mines au nord de la baie d'Hudson.— On n'en reçoit aucune nouvelle.— Scroggs fait un voyage à leur recherche.—Il paraît s'en être peu occupé.—Détails appris en 1767 sur leur naufrage et leur mort dans une île déserte. *ibid.*

Pages.

CHAPITRE II.

CHRISTOPHE MIDDLETON. 1741.

Recherche d'un passage au nord de la baie d'Hudson. — Le capitaine Middleton en est chargé.—Il ne réussit pas à le trouver.—On l'accuse de s'être laissé gagner par la compagnie de la baie d'Hudson pour ne pas faire des découvertes.   79

CHAPITRE III.

GUILLAUME MOOR et FRANÇOIS SMITH. 1746.

Recherche du même passage au nord-ouest.— Hiver passé près du fort d'York. — Rigueur du froid.—Reconnaissance de divers points. —Retour en Angleterre.   92

CHAPITRE IV.

SAMUEL HEARN. 1769 à 1772.

Voyage par terre pour chercher une mine de cuivre au nord de la baie d'Hudson.—Hearn, abandonné par son guide, revient.—Second voyage qui n'est pas plus heureux. — Troisième voyage. — Fatigue et dangers de la route. — Barbarie des Indiens qui lui servaient de conducteurs.—Il arrive au bord de

la mer du nord.—Doutes sur l'exactitude de
la relation. 107

CHAPITRE V.

CONSTANTIN JEAN PHIPPS. 1773.

But du voyage.—Arrivée à la hauteur du Spitzberg.—Montagnes de glace. — Les vaisseaux en sont entourés. — Un coup de vent les en dégage. — Barrière de glace. — Retour en Angleterre. 119

CHAPITRE VI.

JACQUES COOK et CHARLES CLERKE. 1776 à 1779.

Récompense promise à tout vaisseau qui trouverait un passage au nord, ou avancerait jusqu'à un degré du pôle. — Départ de Cook.— Cap du Prince de Galles. — Tschoutskis. — Cap Mulgrave.—Cap Glacé.—Mort de Cook. —Efforts inutiles de Clerke pour pénétrer plus avant au nord. — Retour en Angleterre. 131

CHAPITRE VII.

RICHARD PICKERSGILL. 1776.

Motifs du voyage. — Anse des Mosquites. — Glaces du Groënland.—Voyage sans résultat. 145

(333)

Pages.

CHAPITRE VIII.

WALTER YOUNG. 1777.

Sécheresse de la relation de ce voyage. 151

CHAPITRE IX.

Le capitaine (aujourd'hui amiral) LOWENORN, le lieutenant EGÈDE et le lieutenant ROTHÉ.

1786 et 1787.

Tentatives pour découvrir la côte orientale du Groënland. — Variation de la boussole en Islande.—Phénomène ressemblant à une aurore boréale.—Baie formée par les glaces.— Vue du Groënland oriental. — Impossibilité d'en approcher. — Retour de Lowenorn en Danemarck. — Egède reste en Islande. — Tentatives réitérees et inutiles pour aborder en Groënland. 155

CHAPITRE X.

ALEXANDRE MACKENZIE. 1789.

Voyage par terre. —Départ du Canada. — Rivière Mackenzie. — Ile des Baleines. — Mackenzie a-t-il réellement vu la mer ?

CHAPITRE XI.

CHARLES DUNCAN. 1790, 1791.

Départ de M. Duncan pour la baie d'Hudson. —Son premier voyage échoue par suite de la mauvaise volonté des employés de la compagnie de la baie d'Hudson.—Le second n'a pas plus de succès.   180

CHAPITRE XII.

Découvertes faites par les Russes sur la côte septentrionale de la Sibérie pendant le dix-huitième siècle.

Behring en 1728.—Morovief en 1734. — Offzin et Koskelef en 1734. — Feodor Menin, id.—Prostschistschef en 1735.—Deschneff en 1648. — Schalauroff en 1761 et années suivantes.—Incertitudes sur le sort de ce navigateur.   186

CINQUIÈME PARTIE.

Voyages de découvertes dans le nord, dans les premières années du dix-neuvième siècle.   197

CHAPITRE Ier.

Le lieutenant KOTZEBUE, de 1815 à 1818.

Le comte Romanzoff équipe un navire à ses

frais pour chercher le passage. — Départ du lieutenant Kotzebue. — Découverte d'une grande baie. — Habitans. — Enorme rocher de glaces. — Dents d'éléphans, les premières trouvées en Amérique.—Retour aux îles Sandwich. — Maladie du lieutenant Kotzebue. — Retour en Russie. 197

CHAPITRE II.

JEAN ROSS, DAVID BUCHAN, GUILLAUME EDOUARD PARRY et JEAN FRANKLIN.

1818.

Motifs qui déterminent le gouvernement anglais à envoyer deux expéditions au nord, l'une par la baie de Baffin, l'autre droit au pôle.—Résultat de ces deux voyages. 207

SUPPLÉMENT.

N.° I.

Voyage de M. Buchan dans l'intérieur de Terre-Neuve. 237

N.° II.

Relation de la découverte du détroit d'Anian, faite par moi, capitaine Laurent Ferrer Maldonado, l'an 1588, dans laquelle on lit le détail du voyage, la situation du détroit, la

	Pages.
manière dont il doit être fortifié, et enfin les avantages de ce passage et les périls qui en résulteront si l'on n'en profite point.	284

FIN DE LA TABLE.

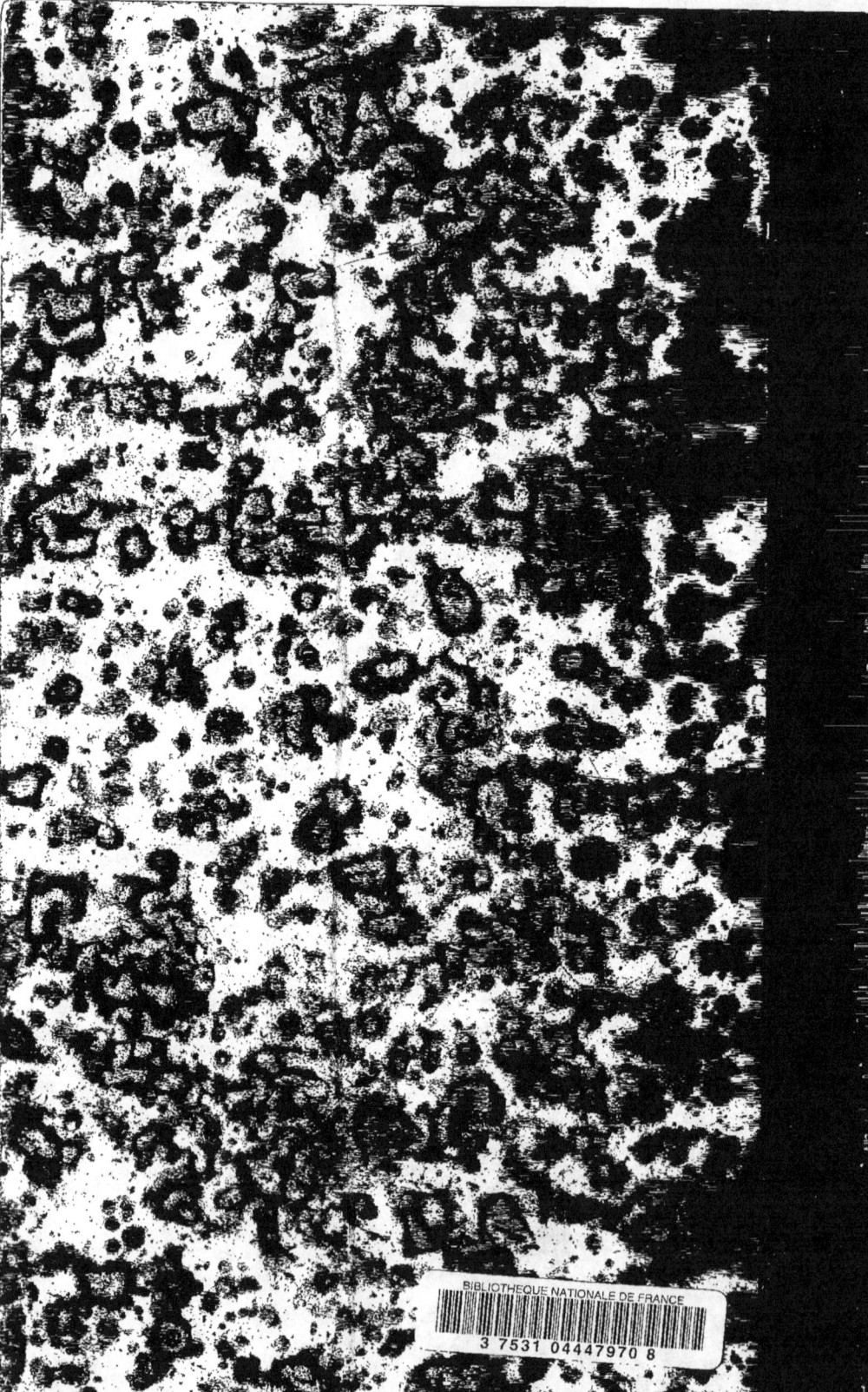

www.ingramcontent.com/pod-product-compliance
Lightning Source LLC
Chambersburg PA
CBHW060320170426
43202CB00014B/2603